खेल-खेल में गणित

खेल-खेल में गणित

डॉ. भगवान स्वरूप गुप्त
शैलेंद्र भूषण

सत्साहित्य प्रकाशन, दिल्ली

प्रकाशक : **सत्साहित्य प्रकाशन**
694–ए, (पहली मंजिल) चावड़ी बाजार, दिल्ली–110006
 / संस्करण : 2026 / मूल्य : तीन सौ रुपए
मुद्रक : श्री साई प्रिंटर्स, साहिबाबाद ISBN 978-81-7721-303-4

KHEL-KHEL MEIN GANIT
by Dr. Bhagwan Swaroop Gupt • Shri Shailendra Bhushan ₹ 300.00
Published by **SATSAHITYA PRAKASHAN**
694-A, (First Floor) Chawri Bazar, Delhi-110006

भूमिका

सफ़लता अध्ययन की गुणवत्ता और सही निर्णय क्षमता पर निर्भर करती है; गणित इस क्षमता के विकास का आधार है।

प्राय: गणित के अध्ययन को दुरूह मानकर विद्यार्थी अपनी योग्यता के अनुरूप उसमें प्रदर्शन नहीं कर पाते क्योंकि वे गणन में कुशल नहीं होते।

प्रस्तुत पुस्तक में गणन की आधारभूत क्रियाओं जैसे जोड़, घटाना, गुणा, भाग, वर्ग, वर्गमूल, घन, घनमूल, विभाज्यता के नियम तथा इनकी सरल विधियाँ सुबोध शैली में प्रस्तुत की गई हैं। इन अभिनव विधियों से गणना तो शुद्ध होती ही है अपितु समय की भी बचत होती है।

गणन कुशलता का प्रभाव अन्य विषयों के अध्ययन में भी सहायक होता है तथा परिणाम को उच्चता प्रदान करते हैं।

पाठकों से निवेदन है कि पुस्तक में सुधार हेतु अपने अमूल्य सुझाव प्रेषित कर अनुगृहीत करें।

—लेखक द्वय

विषय-सूची

तीव्र गणन प्रक्रियाएँ पढ़ने के पश्चात् आप

1. बड़ी से बड़ी संख्याओं का जोड़ बिना त्रुटि शीघ्र कर सकेंगे।
2. दो अंकों की संख्याओं के वर्ग 10 सेकेंड में बता सकेंगे।
3. तीन अंकों की संख्याओं के वर्ग 20 सेकेंड में बता सकेंगे।
4. दो अंकों की किसी भी संख्याओं के घन 15 सेकेंड में।
5. तीन अंकों की संख्याओं के घन 30 सेकेंड में।
6. छः अंकों की घन संख्याओं के घनमूल 10 सेकेंड में।
7. पाँच अंकों की किसी भी पूर्ण संख्या का वर्गमूल 15 सेकेंड में।
8. तीन अंकों तक की गुण्य संख्या में तीन अंकों की गुणक संख्या का गुणनफल 30 सेकेंड से 60 सेकेंड में।
9. अनेक विशिष्ट संख्याओं का गुणन जैसे 177 × 113, 85 × 55, 95 × 125, 53 × 11, 82 × 83, 74 × 34, 28 × 23, 6245 × 9999, 6245 × 71 का गुणनफल 5 सेकेंड से 20 सेकेंड में।
10. किसी भी संख्या को देखकर आप 5 से 15 सेकेंड में बता सकेंगे कि दी गई संख्या 2, 3, 4, 5, 6, 7, 8, 9, 10, 11, 12, 13, 17, 19, किससे कट सकेगी।
11. 500 तक आनेवाली रूढ़ संख्याओं का ज्ञान।
12. नई विधि द्वारा 3 अंकों तक के भाजक से सीधे ही एक लाइन में भाग की क्रिया अधिक-से-अधिक 60 सेकेंड में।
13. किसी भी संख्या का कोई भी प्रतिशत चंद सेकेंड में।
14. भिन्न के सवालों में जोड़, गुणा, घटाना, तथा भाग की प्रक्रिया सेकेंडों में पूर्ण कर सकेंगे।

पुस्तक से अधिकतम लाभ प्राप्त करने की विधि

1. तीव्र गणन-प्रक्रिया एक कौशल है और किसी भी कार्य में कुशलता प्राप्ति के लिए निरंतर अभ्यास आवश्यक है। आप एक घंटे में साइकल चलाना, तैरना, कार चलाना आदि नहीं सीख सकते।

2. इस पुस्तक में बताई गई विधियों को उपन्यास या कहानी की तरह एक बार में न पढ़ें, अपितु एक-एक तकनीक पर अपने आप प्रश्न बनाकर या अभ्यास प्रश्नों की पुस्तक मँगाकर हल करें।

3. प्रतिदिन कम-से-कम 20 मिनट इन प्रविधियों का अभ्यास करें।

4. प्रत्येक विधि को सीखकर भौतिकी, रसायन, अंकगणित, वाणिज्यगणित अथवा अन्य विषयों की गणनाओं में इन तकनीकों का प्रयोग करें।

वर्ग

जब किसी संख्या को उसी संख्या से गुणा करते हैं तो प्राप्त गुणनफल उस संख्या का वर्ग (square) कहलाता है । यदि हम 2 का वर्ग निकालना चाहते हैं तो 2 को 2 से गुणा करना पड़ेगा ।

$$2 \times 2 = 4 \text{ अथवा } 2^2 = 4$$

इसे हम 2 की घात ^{2} या 2 का वर्ग अथवा 2 वर्ग पढ़ते हैं । इसी प्रकार 3^2, 4^2, 5^2........., 18^2, 19^2...... का अर्थ क्रमशः 3 का 3 में गुणा, 4 का 4 में गुणा, 5 का 5 में गुणा.........19 में 19 का गुणा ।

प्रायः 2 से 25 तक के वर्गों के मान सहज ही याद किए जा सकते हैं; परंतु 25 से बड़ी संख्याओं के वर्ग याद करना कठिन होता है और विद्यार्थी साधारण गुणा की विधि से ही वर्ग का मान ज्ञात करते हैं ।

गणितीय संगणनाओं तथा प्रक्रिया में अनेक बार बड़ी संख्याओं के वर्ग तथा वर्गमूल ज्ञात करने पड़ते हैं, जिसकी सरल तथा शुद्ध गणना की अनेक विधियाँ इस पाठ में वर्णित हैं । याद करने के लिए 25 तक की संख्याओं के वर्ग निम्न हैं—

$2^2 = 2 \times 2 = 4$

$3^2 = 3 \times 3 = 9$

$4^2 = 4 \times 4 = 16$

$5^2 = 5 \times 5 = 25$

$6^2 = 6 \times 6 = 36$

$7^2 = 7 \times 7 = 49$

$8^2 = 8 \times 8 = 64$

$9^2 = 9 \times 9 = 81$

$10^2 = 10 \times 10 = 100$

$11^2 = 11 \times 11 = 121$

$12^2 = 12 \times 12 = 144$

$13^2 = 13 \times 13 = 169$

$14^2 = 14 \times 14 = 196$

$15^2 = 15 \times 15 = 225$

$16^2 = 16 \times 16 = 256$

$17^2 = 17 \times 17 = 289$

$18^2 = 18 \times 18 = 324$

$19^2 = 19 \times 19 = 361$

$20^2 = 20 \times 20 = 400$

$21^2 = 21 \times 21 = 441$

$22^2 = 22 \times 22 = 484$

$23^2 = 23 \times 23 = 529$

$24^2 = 24 \times 24 = 576$ $25^2 = 25 \times 25 = 625$

दो अंकों की ऐसी संख्याओं के वर्ग ज्ञात करना जिनका इकाई का अंक 5 हो—

$$5 \times 5 = 5^2 = 25$$
$$15 \times 15 = 15^2 = 225$$
$$25 \times 25 = 25^2 = 625$$
$$35 \times 35 = 35^2 = 1225$$
$$45 \times 45 = 45^2 = 2025$$
$$95 \times 95 = 95^2 = 9025$$

उपर्युक्त तालिका से स्पष्ट है कि इकाई पर 5 अंक वाली संख्याओं को उसी संख्या से गुणा करने पर या उसका वर्ग ज्ञात करने पर अंत में 25 अवश्य आता है। उससे पूर्व दहाई वाली संख्या को उसकी अगली संख्या से गुणा करके लिखते हैं। जैसे 15 × 15 में 25 तो आना ही है, उससे पूर्व 15 के दहाई के अंक 1 की इसके अगले अंक 2 से गुणा करके 25 के बाईं ओर 2 लिख दिया। अतः 15 × 15 = 225। इसी प्रकार 25 में दहाई के अंक 2 को 3 से गुणा करके 625 प्राप्त हुआ। यदि हमें 95 का वर्ग प्राप्त करना है तो दहाई अंक 9 को इसकी अगली संख्या 10 से गुणा करके 25 से पहले 9 × 10 = 90 लिखेंगे। अतः 95 × 95 = 9025

$15 \times 15 = 1 \times 2, 5 \times 5 = 2, 25$ $95 \times 95 = 9 \times 10, 25 = 90, 25$

$25 \times 25 = 2 \times 3, 5 \times 5 = 6, 25$

तीन अंकों की ऐसी संख्याओं का वर्ग ज्ञात करना जिनका इकाई का अंक 5 हो—

इसी प्रकार हम तीन अंकों की संख्याओं का वर्ग भी ज्ञात कर सकते हैं। अंतर केवल यह है कि इसमें हम सैकड़ा तथा दहाई के अंकों की संख्या को एक संख्या मानते हैं और उसे उससे अगली संख्या से गुणा करके 25 के बाईं ओर लिखते हैं; जैसे—105 × 105 में 5 के अतिरिक्त संख्या 10 है, अतः 10 को इससे अगली संख्या 11 से गुणा किया—10 × 11 = 110, इसे 25 से पूर्व लिखकर 11025 प्राप्त हुआ—

$$105 \times \underline{10}\,\underline{5} = \underline{110}\,\underline{25}$$

5 × 5

10 × 11

इसी प्रकार हम 115, 125 के वर्ग ज्ञात कर सकते हैं ।

$115^2 = 115 \times 115 = \underline{11 \times 12}, 25$

$= 13225$

$125^2 = 125 \times 125 = \underline{12 \times 13}, 25$

$= 15625$

इस सूत्र के अन्य उपयोग

(क) उन संख्याओं की गुणा ज्ञात करना जिनका दहाई का अंक समान तथा इकाई का योग 10 हो—

इसी नियम से हम उन संख्याओं का गुणा सरलता तथा शीघ्रता से कर सकते हैं जिनकी दहाई की संख्या समान हो परंतु इकाई की संख्याओं का योग 10 हो; जैसे—

13 × 17 = 2 21

↓ ↓

1 × 2   3 × 7

अतः इकाई के अंकों के गुणनफल के साथ दहाई अंक को अगले अंक से गुणा करके उसके साथ लिखते हैं ।

इसी प्रकार 44 × 46 = $\frac{20}{4 \times 5}$ $\frac{24}{6 \times 4}$ = 2024

इसमें दोनों संख्याओं के दहाई के अंक (4) समान हैं, तथा इकाई के अंकों का योग (4 + 6) 10 है । इकाई के अंकों का गुणनफल 4 × 6 = 24 लिखा । उससे पूर्व दहाई के अंक 4 की उसके बाद आने वाले अंक 5 से गुणा करके 20 लिखा । अतः 44 × 46 = 2024

59 × 51 = $\underline{30}$ $\underline{09}$

↓ ↓

5 × 6 9 × 1

पहले इकाई के अकों का गुणनफल 9 × 1 = 9 लिखा; परंतु ध्यान रहे कि गुणनफल के दहाई तथा इकाई के अंक गुण्य तथा गुणक के इकाई के अंकों के गुणनफल के लिए निश्चित हैं । चूँकि 9 × 1 = 9 केवल इकाई अंक प्राप्त होता है, अतः दहाई पर शून्य लिखते हैं । 5 को 6 से गुणा करके उसके साथ लिखकर 3009 प्राप्त किया ।

62 × 68 = $\frac{42}{6 \times 7}$ $\frac{16}{2 \times 8}$ = 4216

$$99 \times 91 = \frac{90}{9 \times 10} \quad \frac{09}{9 \times 1} = 9009$$

इसी नियम को आगे बढ़ाने पर–

(ख) यदि दोनों संख्याओं (गुण्य तथा गुणक) में इकाई पर 5 अंक हो परंतु दहाई के अंक समान न हों; जैसे—

(1) $45 \times 55 = 2475$ (2) $35 \times 55 = 1925$

यदि दहाई के अंकों का **योग विषम संख्या** हो तो गुणनफल में दहाई, इकाई पर 75 आएगा। यदि यह **योग सम संख्या** है तो दहाई इकाई की संख्या के रूप में 25 आएगा। प्रथम उदाहरण में $4 + 5 = 9$ (दहाई के अंकों का योग) विषम (दो से विभाजित न होने वाला) है, अतः गुणनफल में 75 आया। दूसरे उदाहरण में $3 + 5 = 8$ एक सम संख्या (2 से विभाजित होने वाली) है, अतः गुणनफल में 25 आया है। इसके पश्चात् दहाई के अंकों के गुणनफल में उनके योग का आधा (पूर्णांक) जोड़ देते हैं। प्रथम उदाहरण में $(4 \times 5) + (4 + 5)/2 = 20 + 4.5 = 24$ (.5 को छोड़ दिया गया है)। 24 को 75 के साथ लिखा, अतः $45 \times 55 = 2475$।

दूसरे उदाहरण में $(3 \times 5) + (3 + 5)/2 = 15 + 4 = 19$, इसे 25 के साथ लिखकर उत्तर 1925 प्राप्त किया।

नीचे के उदाहरणों को समझिए–

(1) 95
× 105

99 75 (दहाई, इकाई पर 75) क्योंकि $(9 + 10) = 19$ विषम संख्या है।

$$(9 \times 10) + \left(\frac{9 + 10}{2}\right)$$
$$= 90 + 9.5$$
$$= 99 \text{ (.5 को छोड़ दिया)}$$

(2) 85
× 65

55 25 $(5 \times 5 = 25)$ क्योंकि $8 + 6 = 14$ सम संख्या है।

$$(8 \times 6) + \left(\frac{8 + 6}{2}\right) = 48 + 7 = 55$$

(3) 105
× 215

225 75 ←----- क्योंकि 10 + 21 = 31 विषम संख्या है।

$$(10 \times 21) + \left(\frac{10+21}{2}\right)$$

$$= 210 + \frac{31}{2}$$

= 210 + 15.5

= 210 + 15 (.5 को छोड़ दिया)

= 225

(ग) अगर इकाई के अंकों का योग 5 तथा दहाई के अंक समान हों; जैसे—

63×62, 43×42

63×62 = 39 06

39 ↓ [6×6+3] → $\frac{6}{2}$; 06 → 3×2 = 6

इसमें दहाई के अंक के वर्ग में उसका (दहाई के अंक का) आधा जोड़कर उसके साथ इकाई के अंकों का गुणनफल लिख देते हैं।

$$43 \times 42 = \left(4^2 + \frac{4}{2}\right) \quad (3 \times 2)$$

↓ (18) ↓ (06)

= 1806

ध्यान दीजिए कि उपर्युक्त नियम में दहाई का अंक सम संख्या है। यदि यह विषम संख्या हो तो नीचे दी गई विधि का प्रयोग करते हैं।

73×72 → | (दहाई)^2 + (½ दहाई) का पूर्णांक | | इकाई × इकाई | + 50

↓

$(7)^2 + \frac{7}{2}$ का पूर्णांक 3 × 2 = 06

= 49+3 = 52

$$= 5206+50$$
$$= 5256$$

$$74\times71 = \boxed{49+3}\ \boxed{4\times1=04} + 50$$
$$= 5204+50$$
$$= 5254$$

इस परिस्थिति में इकाई के अंकों के गुणनफल को 06, 04 उतारने के बदले 56, 54 आदि उतारते हैं । अर्थात् 0 के स्थान पर 5 लिखते हैं ।

(घ) 2.5, 7.5 आदि का वर्ग ज्ञात करना–

$2.5^2 = 6.25$

$7.5^2 = 56.25$

इस प्रकार की दशमलव भिन्नों का वर्ग ज्ञात करने में 25 या 75 आदि का वर्ग ज्ञात करके 25 से पहले दशमलव का चिह्न लगा देते हैं ।

(ङ) $4\frac{1}{2}$, $5\frac{1}{2}$ आदि वर्ग ज्ञात करना–

$$\left(4\frac{1}{2}\right)^2 = 20\frac{1}{4}, \quad \left(5\frac{1}{2}\right)^2 = 30\frac{1}{4}$$

अतः पूर्ण संख्या (4) को उससे अगली संख्या 5 से गुणा करके उसके आगे $\frac{1}{2}$ का वर्ग $\frac{1}{4}$ लगा दिया । इसी प्रकार–

$$\left(6\frac{1}{2}\right)^2 = 42\frac{1}{4} \quad \left(11\frac{1}{2}\right) = 132\frac{1}{4}$$

$$\left(7\frac{1}{2}\right)^2 = 56\frac{1}{4} \quad \left(20\frac{1}{2}\right)^2 = 420\frac{1}{4}$$

दहाई पर 5 वाली संख्याओं के वर्ग ज्ञात करना–

दहाई पर 5 वाली संख्याएँ 51 से 59 तक ही हैं ।

$51^2 = 51\times 51$

$= \underline{26}\ \underline{01}$

01 → $1\times1 = 01$

26 → $5\times5+1$

$56^2 = \underline{31}\ \underline{36}$

- 36 → 6×6
- 31 → $5 \times 5 + 6$

दहाई पर 5 वाली संख्याओं के वर्ग ज्ञात करने में 5 के वर्ग 25 में इकाई का अंक जोड़कर इकाई के वर्ग के पहले लिख देते हैं । जैसे उपर्युक्त उदाहरण में 56 का वर्ग ज्ञात करने में 5 के वर्ग 25 में 6 को जोड़कर 31 हुआ । अतः 6 के वर्ग 36 से पहले 31 लिखकर वर्ग 3136 प्राप्त किया । ध्यान रहे कि यदि इकाई के वर्ग में एक ही अंक आए तो दहाई पर 0 लिख देते हैं; क्योंकि वर्ग के दहाई, इकाई के स्थान इकाई के वर्ग के लिए निश्चित हैं, जैसे—

$53^2 = \underline{28}\ \underline{09}$

- 09 → $3 \times 3 = 09$
- 28 → $5 \times 5 + 3 = 28$

$59^2 = \underline{34}\ \underline{81}$

- 81 → $9 \times 9 = 81$
- 34 → $5 \times 5 + 9 = 34$

(क) इस नियम के अन्य उपयोग—

इस नियम का प्रयोग हम उन संख्याओं के गुणा करने में कर सकते हैं जिनके दहाई के अंकों का योग 10 हो तथा इकाई के अंक समान हों, जैसे—

$46 \times 66 = \underline{30}\ \underline{36}$; 36 → 6×6 ; 30 → $4 \times 6 + 6$

$72 \times 32 = \underline{23}\ \underline{04}$; 04 → $2 \times 2 = 04$; 23 → $7 \times 3 + 2 = 23$

$84 \times 24 = \underline{20}\ \underline{16}$; 16 → $4 \times 4 = 16$; 20 → $8 \times 2 + 4 = 20$

इसमें भी हम दहाई के अंकों के गुणनफल में इकाई के अंक को योग करके प्राप्त संख्या के साथ इकाई के अंक का वर्ग रख देते हैं । ध्यान रहे कि इकाई के अंक का वर्ग यदि एक अंक का हो तो दहाई पर 0 रखिए ।

(ख) इसी नियम का विस्तार—

थोड़ी-सी सावधानी के साथ 3 अंकों की संख्याओं के गुणनफल में भी किया जा सकता है, जैसे—

```
   612          825          711          924
 × 412          225        × 311          124
───────      ───────      ───────      ───────
252 144      185 625      221 121      114 576
  │  ↓         │  ↓        │  ↓         ↓  └──→ 24 × 24
  │ 12 × 12 = 144   25 × 25   ↓ (11 × 11)  9 × 10 + 24
  │            │       (7 × 30 + 11)
  │            ↓
  │       8 × 2 = 160
  │              + 25
  │             ─────
  │               185
  ↓
6 × 4 = 240 (0 बढ़ाया गया है)
      + 12
     ─────
       252
```

इसमें सैकड़े के अंकों का योग 10 है। उसके गुणनफल में (0) शून्य बढ़ाकर दहाई तथा इकाई के अंकों से बनी संख्या को जोड़कर उसके आगे दहाई तथा इकाई के अंकों से बनी संख्या का वर्ग रख देते हैं।

इस नियम को आगे और भी विस्तारपूर्वक कुछ अधिक सावधानी से किया जा सकता है।

(ग) जब इकाई के अंक समान हों तथा दहाई के अंकों का योग 5 हो; जैसे—

$26 \times 36 = \underline{9}\ \underline{36}$

↓ 9 ← $\left(2 \times 3 + \frac{6}{2}\right)$; 36 → 6×6

$14 \times 44 = \underline{6}\ \underline{16}$

↓ 6 ← $\left(1 \times 4 + \frac{4}{2}\right)$; 16 → 4×4

इसमें हम दहाई के अंकों के गुणनफल में इकाई के अंक के आधे का योग करके उसके साथ इकाई के अंक का वर्ग रख देते हैं। यदि इकाई के अंक का वर्ग

एक अंक का है तो उसके बाईं ओर 0 और लगा देते हैं; जैसे–

$$22 \times 32 = \boxed{2 \times 3 + \frac{2}{2}} \; \boxed{04}$$

$$= 704$$

जब इकाई का अंक सम (दो से विभक्त होने वाला) न हो तो नियम में निम्न परिवर्तन होता है । इकाई के अंक के आधे का पूर्णांक का योग किया जाता है । अंत में 50 का जोड़ अतिरिक्त किया जाता है; जैसे–

$$27 \times 37 \rightarrow \boxed{\text{दहाई} \times \text{दहाई} + \left(\frac{1}{2}\text{इकाई}\right) \text{का पूर्णांक}} \; \boxed{(\text{इकाई})^2} + \boxed{50}$$

$$= \boxed{2 \times 3 + \frac{7}{2} \text{ का पूर्णांक}} \; \boxed{7^2} + 50$$

$$= \boxed{6 + 3} \; \boxed{49} + 50$$

$$= \begin{array}{r} 949 \\ +\ 50 \\ \hline 999 \end{array}$$

यहाँ पर वास्तव में $\frac{7}{2} = 3\frac{1}{2}$ के $\frac{1}{2}$ के बदले में 50 जोड़ा गया है ।

$33 \times 23 = 7\ \underline{59}$

$\downarrow$

09

+ 50

$3 \times 2 + 1.5$ का 1

तीन अंकों की ऐसी संख्या का वर्ग ज्ञात करना जिसके अंत में 25 हो—

$$\begin{array}{r} 125 \\ \times 125 \\ \hline \underline{15}\ \underline{625} \end{array} \qquad \begin{array}{r} 325 \\ 325 \\ \hline \underline{105}\ \underline{625} \end{array} \qquad \begin{array}{r} 725 \\ 725 \\ \hline \underline{525}\ \underline{625} \end{array}$$

$25^2 = 625$ $\qquad$ $25^2 = 625$ $\qquad$ $25^2 = 625$

$15 \times 1 = 15$ $\qquad$ $\begin{array}{r} 35 \\ \times 3 \\ \hline 105 \end{array}$ $\qquad$ $75 \times 7 = 525$

इसमें सदैव 625 (25^2) अंत में आता है। उससे पहले सैकड़ा तथा इकाई के अंकों से बनी संख्या को सैकड़ा के अंक से गुणा करके रख देते हैं।

दो उदाहरण और देखिए—

$$\begin{array}{r} 825 \\ \times 825 \\ \hline \end{array} \qquad \begin{array}{r} 525 \\ \times 525 \\ \hline 275625 \end{array}$$

| 85 × 8 | 25^2 |

$= 680625$

इकाई में अन्य अंक वाली संख्याओं के वर्ग—पूर्व में हम इकाई पर 5 वाली संख्या का वर्ग निकालना सीख चुके हैं। अब इकाई पर अन्य अंक वाली संख्याओं का वर्ग निकालना सीखेंगे—

(1) इकाई पर 1 अंक वाली संख्याओं का वर्ग ज्ञात करना—

$11 \times 11 = 11^2 = 1\ 2\ 1$
- (बीच का 2) — दहाई की संख्याओं का योग
- (अंतिम 1) — इकाई की संख्या का वर्ग
- (प्रथम 1) — दहाई की संख्या का वर्ग

$21 \times 21 = 21^2 = 4\ 4\ 1$
- (बीच का 4) — दहाई की संख्याओं का योग
- (अंतिम 1) — इकाई की संख्या का वर्ग
- (प्रथम 4) — दहाई की संख्या का वर्ग

$$31 \times 31 = 31^2 = 961$$

$$41 \times 41 = 41^2 = 1681$$

$$51 \times 51 = 51^2 = 2601$$

$$91 \times 91 = 91^2 = 8281$$

इकाई पर 1 वाली संख्याओं के वर्ग में इकाई पर 1 होगा, यह वास्तव में 1 का वर्ग है। दहाई के स्थान पर वर्ग ज्ञात करने वाली संख्याओं के दहाई अंकों का योग लिखते हैं। यदि कोई हासिल हो तो उसे अगली संख्या में जोड़ते हैं, सैकड़ा के स्थान पर दहाई की संख्या का वर्ग लिखते हैं।

11 का वर्ग (11 × 11) =121 है। इसमें इकाई पर 1 है जो मूल संख्या के इकाई के अंक 1 का वर्ग है। दहाई पर 2 है जो मूल संख्या के दहाई के अंकों का योग है अथवा दहाई की संख्या का दूना है। सैकड़ा पर मूल संख्या के दहाई अंक का वर्ग है।

इसी प्रकार 21 × 21, 31 × 31, 41 × 41 का मान ज्ञात किया गया है। 51 × 51 में 1 × 1 को इकाई पर रखा, 5 + 5 = 10 का शून्य दहाई पर तथा 1 हासिल को 5 के वर्ग 25 में जोड़कर 26 को साथ में लिखा गया। इसी प्रकार 91 × 91 का मान ज्ञात किया गया है।

इसी प्रक्रिया को 3 अंकों की संख्याओं पर आगे बढ़ाने पर हम 151 × 151 का मान ज्ञात कर सकते हैं—

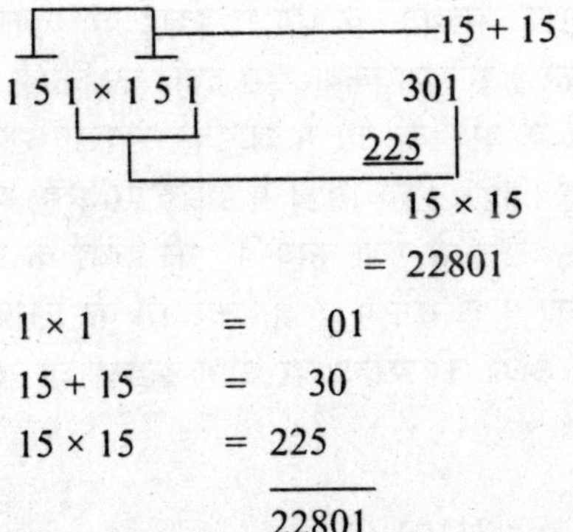

1 × 1	=	01
15 + 15	=	30
15 × 15	=	225
		22801

वर्ग की इकाई पर 1 का वर्ग है। इकाई की संख्या को छोड़कर शेष संख्या 15 है। 15 + 15 = 30 के शून्य को दहाई पर लिखा। 3 हासिल को 15 के वर्ग 225 में जोड़कर 228 को शून्य से पहले बाईं ओर लिखा।

सामान्यीकरण : इकाई का अंक 1 वाली संख्या का वर्ग ज्ञात करने के लिए क्रमशः दाईं ओर से बाईं ओर लिखें—

(1) इकाई के अंक का वर्ग

(2) दहाई के अंकों का योग

(3) दहाई के अंक का वर्ग

(2) इकाई पर 2 का अंक वाली संख्याओं के वर्ग—

$12 \times 12 = 12^2 = 1\ 4\ 4$

- $2 \times 2 = 4$ (इकाई अंक का वर्ग)
- $(1 + 1)2 = 4$ (दहाई अंकों के योग का दुगुना)
- $1 \times 1 = 1$ (दहाई अंक का वर्ग)

$22 \times 22 = 22^2 = 4\ 8\ 4$

- $2 \times 2 = 4$
- $(2 + 2)2 = 8$
- $2 \times 2 = 4$

इसी प्रकार—

$32 \times 32 = 32^2 = 1024$

$62 \times 62 = 62^2 = 3844$

इकाई अंक 2 वाली संख्याओं के वर्ग में इकाई पर 4 का वर्ग आता है। दहाई के अंकों को जोड़कर 2 से गुणा किया, इसे दहाई पर लिखा, यदि इसमें कोई हासिल है तो उसे दहाई के अंक के वर्ग में जोड़कर सैकड़ा अथवा सैकड़ा और हजार के स्थान पर लिखा। $32 \times 32 = 1024$ में इकाई पर 4 है, यह 2×2 अथवा 2 का वर्ग है। $3 + 3 = 6$ को 2 से गुणा करके 12 की इकाई के अंक 2 को दहाई पर लिखा। हासिल 1 को 3 के वर्ग 9 में जोड़कर 10 को लिखा गया है।

इसी नियम को 3 अंकों की संख्या पर आगे बढ़ाया जा सकता है; जैसे—

152×152

$152 \times 152 = 152^2 = 23104$

- $2 \times 2 = 4$
- $(15 + 15)2 = 60$
- हासिल
- $15 \times 15 = 225 + 6$

152 के वर्ग में इकाई पर $2 \times 2 = 4$ है । $(15 + 15) \times 2 = 60$ का शून्य दहाई पर है, 6 हासिल के 15 के वर्ग 225 में जोड़कर 231 को उसके साथ लिखा ।

सामान्यीकरण—इकाई का अंक 2 वाली संख्या का वर्ग ज्ञात करने के लिए क्रमशः इकाई अंक के बाईं ओर लिखें—

(1) इकाई के अंक 2 का वर्ग 4 लिखें ।

(2) दोनों संख्याओं में दहाई के अंकों के योग का दूना दहाई के स्थान पर लिखें ।

(3) यदि दहाई के अंकों के योग के दूने में दो अंकों की संख्या आए तो हासिल अगली संख्या में जोड़ना है ।

(4) अब दहाई अंक के वर्ग को लिखें ।

(5) यदि दहाई की संख्याओं के योग के दूने में कोई हासिल हो तो दहाई की संख्या के वर्ग में जोड़कर लिखें ।

(6) इस प्रकार प्राप्त संख्या ही इकाई के अंक 2 वाली संख्या का अभीष्ट वर्ग होगा ।

(3) इकाई पर 3 तथा 4 अंक वाली संख्याओं के वर्गों को भी ज्ञात करने की यही प्रक्रिया है, अंतर केवल इतना है कि दहाई की संख्या के योग को इकाई पर अंक 3 होने पर योग का 3 गुना करते हैं तथा 4 का अंक होने पर चार गुना ।

(i) $13 \times 13 = 13^2 = 169$

- 3×3 — इकाई के अंक का वर्ग
- $(1 + 1) \times 3 = 6$ — दहाई के अंकों के जोड़ का तिगुना
- $1 \times 1 = 1$ — दहाई के अंक का वर्ग

(ii) $43 \times 43 = 43^2 = \underline{18}49$

- 3×3
- $(4 + 4) \times 3 = 24$ — 2 हासिल
- $\underline{4 \times 4} + 2 = 18$ — दहाई के अंक का वर्ग (2 हासिल)

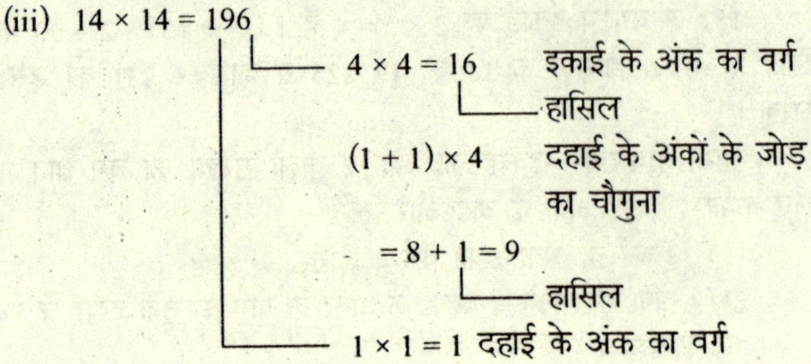

(iv) 44 × 44 = 1936

4 × 4 = 16

(4 + 4) × 4 हासिल

= 32 + 1 = 33

हासिल

4 × 4 + 3 = 19 दहाई के अंक का वर्ग

(v) 104 × 104 = 10816

4 × 4 = 16

हासिल

(10 + 10) × 4 = 80 + 1 = 81

हासिल

10 × 10 = 100 + 8 = 108

नोट—इस विधि से हम प्रत्येक संख्या का वर्ग ज्ञात कर सकते हैं ।

इकाई पर 5 अंक वाली संख्याओं के वर्ग ज्ञात करना हम सीख चुके हैं

(4) इकाई पर 6 अंक वाली संख्याओं के वर्ग—

16 × 16 = 256 —— 6 × 6 = 36

1 + 1 + 3 —— हासिल

= 5

1 × 2 = 2

अगला अंक

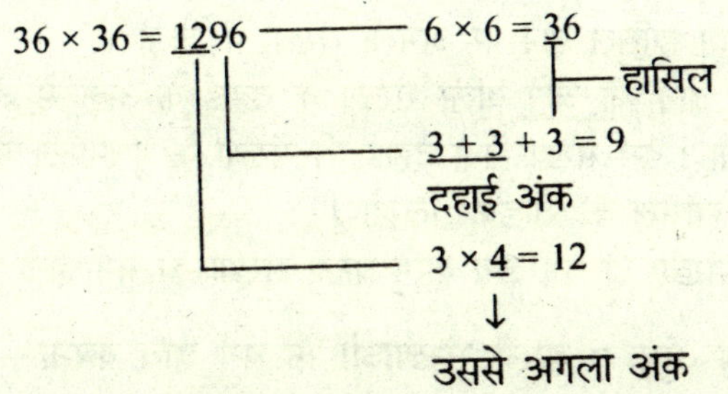

6 पर समाप्त होने वाली संख्याओं के वर्ग की इकाई पर 6 × 6 = 36 का 6 आता है । इसके हासिल को (जो सदैव तीन होगा) शेष अंकों से बनी संख्या के योग में जोड़कर इसकी इकाई को दहाई के स्थान पर लिखा है । यदि इसमें कोई हासिल हो तो उस हासिल को, शेष अंकों से बनी संख्या को उससे अगली संख्या से गुणा करके, जोड़कर पूर्व में प्राप्त इकाई तथा दहाई अंकों के बाईं ओर लिखते हैं ।

16 × 16 = 256 में 6 के वर्ग के 36 का 6 इकाई पर है । इसके हासिल 3 को दहाई के अंकों के योग में जोड़कर (1 + 1 + 3) 5 प्राप्त किया । तत्पश्चात् दहाई के अंक 1 को 2 (1 के बाद का अंक) से गुणा करके प्राप्त किया । अतः 16 × 16 = 256

इसी प्रकार 36 × 36 = 1296 में 6 के वर्ग 36 के 6 को लिखा । इसके हासिल 3 को दहाई के अंकों के योग (3 + 3) में जोड़कर 9 प्राप्त किया । दहाई के अंक 3 को इसके अगले अंक 4 से गुणा करें, 12 प्राप्त किया ।

अतः 36 × 36 = 1296

116 × 116 = 13456 — 6 × 6 = 36

हासिल

11 + 11 + 3 = 25

हासिल

11 × 12 + 2 = 134

सामान्यीकरण—जब वर्ग ज्ञात करने वाली संख्या में इकाई का अंक 6 हो तो—

(i) सबसे पहले इकाई की संख्या 6 के वर्ग 36 के इकाई अंक 6 को लिखो ।

(ii) इसके हासिल 3 को, जो सदैव 3 ही होगा, दहाई की संख्याओं के योग में जोड़ दो । इस योग के इकाई अंक को दहाई के स्थान

लिखो तथा हासिल होने पर अगली संख्या में जोड़ो ।

(iii) अब वर्ग ज्ञात की जाने वाली संख्या के दहाई के अंक से अगली संख्या लो । इस संख्या तथा दहाई की संख्या के गुणनफल में (2) से प्राप्त हासिल को जोड़कर लिखो ।

(iv) अभीष्ट संख्या ही वर्ग ज्ञात करने वाली संख्या का वर्ग होगी ।

(5) इकाई का अंक 7 वाली संख्याओं के वर्ग ज्ञात करना–

$17 \times 17 = 289$ —— $7 \times 7 = 49$

$(1 + 1) \times 4 = 8$

दहाई के अंक में एक जोड़कर 4 से गुणा

$1 \times 2 = 2$

(दहाई अंक से अगली संख्या से गुणा)

इकाई पर 7 वाली संख्याओं के वर्ग में 7 के वर्ग 49 का 9 इकाई पर आता है । दहाई के अंक में 1 जोड़कर 49 के हासिल 4 से गुणा करके वर्ग के दहाई के अंक पर लिखते हैं । अंत में दहाई के अंक को अगले अंक से गुणा करके लिखते हैं । उपर्युक्त उदाहरण में 17 का वर्ग ज्ञात किया गया है । $7 \times 7 = 49$ का 9 इकाई पर लिखा, दहाई के अंक 1 में 1 जोड़कर 2 प्राप्त हुआ, जिसे 49 के हासिल 4 से गुणा करके 8 प्राप्त किया; जिसे दहाई के स्थान पर लिखा (यदि यह संख्या 9 से बड़ी होती तो इसके हासिल को आगे की संख्या में जोड़ते) । तत्पश्चात् दहाई के अंक 1 को इसके अगले अंक 2 से गुणा करके 2 को लिखा ।

अतः $17 \times 17 = 289$

$27 \times 27 = 729$ में $7 \times 7 = 49$ के 9 को इकाई पर लिखा । इसके हासिल 4 से दहाई के अंक 2 में 1 जोड़कर गुणा करके $(2 + 1) \times 4 = 12$, 2 को दहाई पर लिखा तथा हासिल 1 को दहाई के 2 को 3 (अगला अंक) से गुणा करके जोड़ा ।

$2 \times 3 + 1 = 7$

इसी प्रकार

$117 \times 117 = \underline{136}89$ —— $7 \times 7 = 49$

$(11 + 1) \times 4 = 48$

$(11 \times 12) + 4 = 132 + 4 = 136$

सामान्यीकरण—इकाई का अंक 7 वाली संख्या का वर्ग ज्ञात करने के लिए—

(i) पहले 7 का वर्ग 49 का 9 लिखो ।

(ii) दहाई की संख्या में 1 जोड़कर, प्राप्त योग में 4 से गुणा करो, प्राप्त गुणनफल के इकाई अंक को 9 के बाईं ओर दहाई स्थान पर लिखो तथा गुणनफल के दहाई अंक को हासिल के रूप में आगे की प्रक्रिया में प्रयुक्त करो ।

(iii) इकाई के 7 को छोड़कर शेष संख्या को उससे अगली संख्या से गुणा करो और ऊपर का हासिल जोड़कर बाईं ओर लिखो ।

(6) इकाई का अंक 8 तथा 9 पर समाप्त होने वाली संख्याओं के वर्ग ज्ञात करना—

इन संख्याओं के वर्ग ज्ञात करने की प्रकिया 7 के इकाई अंक वाली संख्याओं के ही अनुरूप है । अंतर केवल इतना है कि इकाई के अंक 8 वाली संख्या का वर्ग निकालते समय दहाई की संख्या में 1 जोड़ने के पश्चात् 6 से गुणा करते हैं तथा 9 अंक वाली संख्या का वर्ग ज्ञात करते समय 8 का गुणा करते हैं । शेष प्रक्रिया 7 के ही अनुरूप है । निम्न उदाहरण स्पष्टीकरण में सहायक हैं—

$18^2 = 18 \times 18 = 32\underline{4}$ ——— $8 \times 8 = 64$
$(1 + 1) \times 6 = 12$
$(1 \times 2) + 1 = 3$

$48^2 = 48 \times 48 = \underline{23}04$ ——— $8 \times 8 = 64$
$(4 + 1) \times 6 = 30$
$(4 \times 5) + 3 = 23$

$19^2 = 19 \times 19 = 361$ ——— $9 \times 9 = 81$
$(1 + 1) \times 8 = 16$
$(1 \times 2) + 1 + 3$

$59^2 = 59 \times 59 = \underline{34}81$ ——— $9 \times 9 = 81$
$(5 + 1) \times 8 = 48$
$(5 \times 6) + 4 = 34$

$$109^2 = 109 \times 109 = \underline{118}8\underline{1} \quad 9 \times 9 = 81$$

$$(10 + 1) \times 8 = 88$$

$$(10 \times 11) + 8 = 118$$

सामान्यीकरण—इकाई का अंक 8 तथा 9 वाली संख्याओं का वर्ग ज्ञात करने के लिए—

(i) पहले 7 की भाँति इकाई के अंक 8 या 9 का वर्ग क्रमशः 64 या 81 लिखो ।

(ii) 7 के अनुरूप दहाई की संख्या में 1 जोड़कर योगफल में 8 का वर्ग ज्ञात करते समय 6 से तथा इकाई के अंक 9 वाली संख्या का वर्ग ज्ञात करते समय 8 से गुणा करो ।

(iii) शेष प्रक्रिया 7 के अनुरूप है अर्थात् वर्ग ज्ञात करने वाली संख्या के दहाई अंक तथा उससे अगली संख्या के गुणनफल में (2) से प्राप्त हासिल जोड़कर लिखो ।

(iv) प्राप्त संख्या ही अभीष्ट वर्ग संख्या होगी ।

संख्याओं के वर्ग ज्ञात करने की अन्य विधियाँ—

निम्नलिखित विधियों में से किसी संख्या का वर्ग ज्ञात करने के लिए आवश्यक है कि हम 1 से 20 तक की संख्याओं के वर्ग मौखिक रूप से याद रखें । हम यह भी जानते हैं कि 10, 20, 30, 40, 50, 60, 70, 80, 90 आदि संख्याओं के वर्ग अति सरल हैं । इस प्रकार की संख्याओं के वर्ग ज्ञात करने के लिए बाईं ओर की संख्या के वर्ग के दाहिनी ओर 00 (दो शून्य) रख देते हैं; जैसे—

$$50^2 = 25,00$$

$$90^2 = 81,00$$

(A) जिस संख्या का वर्ग हम जानते हैं या सरलता से निकाल लेते हैं उनसे एक बड़ी या एक छोटी संख्याओं का वर्ग निम्न विधि (समीपस्थ विधि) से ज्ञात कर सकते हैं । उसके निम्न सूत्र हैं—

$$(\text{य} + 1)^2 = \text{य}^2 + [\text{य} + (\text{य} + 1)]$$

तथा $$(-\text{य} - 1)^2 = \text{य}^2 - [\text{य} + (\text{य} - 1)]$$

उदाहरणार्थ यदि हमें 51^2 का मान ज्ञात करना है तथा हमें ज्ञात है कि $50^2 = 2500$ अतः

$$51^2 = (50+1)^2 = 50^2 + [50 + (50+1)]$$
$$= 2500 + [50 + (50+1)]$$
$$= 2500 + [50 + 51]$$
$$= 2500 + 101 = 2601$$

(इसकी जाँच पूर्वगामी विधियों---इकाई पर 1 अथवा दहाई पर पाँच वाली संख्या के वर्ग—से कीजिए ।)

इसी प्रकार $49^2 = 50^2 - [50 + (50 - 1)]$
$$= 50^2 - [50 + 49]$$
$$= 2500 - 99 = 2401$$

(उत्तर की जाँच कीजिए ।)

इसी प्रकार $46^2 = (45+1)^2 = 2025 + (45 + 46)$
$$= 2025 + 91$$
$$= 2116$$

तथा $101^2 = (100+1)^2$
$$= 100^2 + [100 + (100+1)]$$
$$= 10,000 + 201$$
$$= 10,201$$

(B) 41 से 75 तक की संख्याओं के वर्ग ज्ञात करना—

41 से 75 तक की संख्याओं के वर्ग निम्न विधि से सरलतापूर्वक ज्ञात किए जा सकते हैं । इस विधि का आधार 50 है; क्योंकि 41 तथा 75 के मध्य की संख्याएँ 50 के निकट हैं, अतः इस विधि को 50 की निकटस्थ विधि कहते हैं ।

इस विधि के अनुसार किसी संख्या का वर्ग बराबर होगा 2500 ± उस संख्या की 50 से दूरी का 100 गुना + दूरी का वर्ग । ध्यान रहे, दूरी का वर्ग सदैव जोड़ा जाता है, कभी घटाया नहीं जाता है ।

उदाहरण—यदि हमें 48 का वर्ग ज्ञात करना है, जो कि 50 से 2 कम है अर्थात् इसकी दूरी 50 से 2 कम है, अतः

$$48^2 = 2500 - (100 \times 2) + 4 = 2304$$

इसी प्रकार $58^2 = 2500 + (8 \times 100) + 64 = 2500 + 800 + 64 = 3364$

तथा $67^2 = 2500 + (17 \times 100) + 17^2$
$$= 2500 + 1700 + 289$$
$$= 4489$$

उत्तरों का सत्यापन पिछली विधियों से किया जा सकता है ।

(C) 75 तथा 100 के मध्य की संख्याओं के वर्ग—

इन संख्याओं के वर्ग निकालने की सरल विधि यह है कि दी हुई संख्या की 100 से दूरी के दूने को 100 में से घटाकर उसके बाद दो शून्य लिखिए तथा उसमें दूरी का वर्ग जोड़ दीजिए ।

उदाहरण—(1) यदि हमें 98 का वर्ग ज्ञात करना है तो 100 – 98 = 2, 2 के दूने 4 को 100 में से घटाकर (100 – 4) = 96 प्राप्त किया । इसके आगे दो शून्य लगाएँ, प्राप्त हुआ 9600 । अब 9600 में दूरी का वर्ग 2^2 जोड़कर 9600 + 4 = 9604 प्राप्त किया ।

100 – 98 = 2
2 × 2 = 4
100 – 4 = 96 = 9600 (दो शून्य आगे बढ़ाकर)
9600 + 4 (100 से दूरी का वर्ग जोड़ने पर)

$98^2 = 9604$

(2) इसी प्रकार 91 का वर्ग ज्ञात करने के लिए इसकी दूरी 100 से ज्ञात की जो 100 – 91 = 9 है । इसका दूना 9 × 2 = 18 को 100 में से घटाकर 100 – 18 = 82 प्राप्त किया । अब 82 के आगे दो शून्य लगाकर 8200 संख्या प्राप्त हुई । इसमें दूरी 9 का वर्ग 81 जोड़ने पर 8281 संख्या प्राप्त हुई ।

(100 – 91) = 9
9 × 2 = 18
100 – 18 = 82
$8200 + 9^2 = 8200 + 81$

$91^2 = 8281$

(D) 100 से 125 तक की संख्याओं के वर्ग ज्ञात करना—

यह पिछले नियम के अनुसार ही है । अंतर केवल यह है, संख्या की 100 से दूरी का दूना जोड़ा जाता है । तत्पश्चात् इसमें दो शून्य लगाकर दूरी का वर्ग जोड़ देते हैं ।

उदाहरण—107 का वर्ग ज्ञात करने के लिए इसकी 100 से दूरी 107 – 100 = 7 प्राप्त हुई । इसका दूना 7 × 2 = 14 को 100 में जोड़ने पर 114 प्राप्त हुआ । इसमें दो शून्य लगाकर 11400 संख्या प्राप्त हुई । इसमें दूरी का वर्ग 49 जोड़ने पर 11449 संख्या प्राप्त हुई ।

$107^2 = 11400 + 49 = 11449$

इसी प्रकार— $131^2 = 100 + (31 \times 2) = 100 + 62$

$= 162$ दो शून्य लगाने पर $= 16200$

दूरी का वर्ग जोड़ने पर $= 16200 + 31^2 = 16200 + 961 = 17161$

(E) उपर्युक्त विधियों का आधार बीजगणित का निम्न सूत्र है—

$$(\text{क} - \text{ख})\ (\text{क} + \text{ख}) = \text{क}^2 - \text{ख}^2$$

$$\text{क}^2 = (\text{क} - \text{ख})\ (\text{क} + \text{ख}) + \text{ख}^2$$

उदाहरण—यदि हमें 96 का वर्ग ज्ञात करना है तो 96 के निकट 100 ऐसी संख्या है जिससे किसी भी संख्या में गुणा मात्र दो शून्य बढ़ाकर किया जा सकता है ।

$100 - 96 = 4$

इसे दी हुई संख्या में जोड़ा या घटाया

$$\begin{aligned} 96^2 &= (96 - 4)\ (96 + 4) + 4^2 \\ &= 92 \times 100 + 4^2 \\ &= 9200 + 16 \\ &= 9216 \end{aligned}$$

इसी नियम का प्रयोग हम किसी भी संख्या का वर्ग ज्ञात करने में कर सकते हैं; जैसे—

$$\begin{aligned} 111^2 &= (111 - 11)\ (111 + 11) + 11^2 \\ &= 100 \times 122 + 121 \\ &= 12321 \end{aligned}$$

इस नियम के उपयोग के लिए यह आवश्यक नहीं है कि हम 100 से अंतर ज्ञात करें । हम निकट की किसी भी संख्या से दूरी ज्ञात कर सकते हैं, परंतु उससे गुणा करना सरल हो; जैसे 19 के वर्ग में हम दूरी 20 से ज्ञात कर सकते हैं ।

अतः

$$\begin{aligned} 19^2 &= (19 + 1)(19 - 1) + 1^2 \\ &= 20 \times 18 + 1 \\ &= 360 + 1 \\ &= 361 \end{aligned}$$

$$\begin{aligned} 24^2 &= (24 + 1)(24 - 1) + 1^2 \\ &= 25 \times 23 + 1 \\ &= 575 + 1 \\ &= 576 \end{aligned}$$

$$
\begin{aligned}
67^2 &= (67+3)(67-3)+3^2 \\
&= 70 \times 64 + 9 \\
&= 4480 + 9 \\
&= 4489 \\
82^2 &= (82+2)(82-2)+2^2 \\
&= 84 \times 80 + 4 \\
&= 6720 + 4 \\
&= 6724
\end{aligned}
$$

अतः जिस संख्या का वर्ग ज्ञात करना है उसमें वह संख्या जोड़ी या घटाई जिससे इकाई पर शून्य आ जाए। फिर इन दोनों के गुणनफल में जोड़ी/घटाई संख्या का वर्ग जोड़िए।

किसी भी संख्या का वर्ग ज्ञात करने की सरल विधि—

इस विधि द्वारा किसी भी संख्या का वर्ग ज्ञात करने के लिए पहले इकाई की संख्या का वर्ग लिखें। इसके बाद इकाई तथा दहाई की संख्या के गुणनफल का दो गुना, सामान्य गुणा के नियमों के अनुसार लिखें तथा अंत में दहाई की संख्या का वर्ग। इन सभी का योग संख्या का वर्ग होगा; जैसे—

$17^2 =$ 49 (इकाई की संख्या 7 का वर्ग)

14 (इकाई दहाई की संख्या के गुणनफल का दुगुना)

1 (दहाई की संख्या का वर्ग)

———

289

इसी प्रकार 36, 49, 51 तथा 88 का वर्ग क्रमशः 1296, 2401, 2601 तथा 7744 होगा।

$36^2 =$ 36 या 936

36   36

9   1296

———

1296

$49^2 =$ 81 या 1681

72   72

16   2401

———

2401

$51^2 =$ 01

10

25

———

2601

$88^2 =$ 64

128

64

———

7744

वर्ग ज्ञात करने की एक अन्य विधि—

इस विधि के अनुसार वर्ग ज्ञात करने वाली संख्या के इकाई अंक का वर्ग लिखते हैं। यदि संख्या का वर्ग दो अंकों की संख्या हो तो दहाई को हासिल के रूप में अगली संख्या में जोड़ देते हैं, बाईं ओर वर्ग वाली संख्या में इकाई का अंक जोड़कर लिखें। प्राप्त संख्या ही उस संख्या का वर्ग होगी।

उदाहरण—

$11^2 = (11 + 1) / 1^2 = 121$

r1 वर्ग संख्या

1 इकाई का अंक

$12^2 = (12 + 2) / 2^2 = 144$

$13^2 = (13 + 3) / 3^2 = 169$

$14^2 = (14 + 4) / 4^2 = 196$

इसी प्रकार 21 से 29 तक की संख्याओं के वर्ग में इसी पद्धति को अपनाते हैं, अंतर केवल इतना है कि वामपक्ष की संख्या को 2 से गुणा करते हैं; जैसे—

$21^2 = 2(21 + 1) / 1^2 = 2(22) / 1 = 441$

$22^2 = 2(22 + 2) / 2^2 = 2(24) / 4 = 484$

$29^2 = 2(29 + 9) / 9^2 = 2(38) / 9^2 = 7681 = 841$

इसी प्रकार 30 से अधिक की संख्याओं के वर्ग में बाएँ पक्ष में 3 रे, 40 से अधिक की संख्या में 4 से, 50 से अधिक की संख्या में 5 से गुणा करके संख्याओं के वर्ग ज्ञात किए जा सकते हैं।

वर्ग प्रश्न

(1) इकाई के अंक 1, 2, 3, 4 होने पर नियमानुसार वर्ग संख्या बताइए—

(A) (1) 11, (2) 31, (3) 41, (4) 71, (5) 81, (6) 91, (7) 111, (8) 151, (9) 171, (10) 221, (11) 251, (12) 341 ।

(B) (1) 22, (2) 62, (3) 72, (4) 22, (5) 112, (6) 222, (7) 142, (8) 132, (9) 162 ।

(C) (1) 23, (2) 43, (3) 33, (4) 93, (5) 133, (6) 143, (7) 213, (8) 153, (9) 173, (10) 223 ।

(D) (1) 14, (2) 34, (3) 54, (4) 64, (5) 114, (6) 104, (7) 204, (8) 194, (9) 164, (10) 214 ।

(2) इकाई का अंक 5 होने पर वर्ग संख्या बताइए–

(A) 35, (2) 45, (3) 75, (4) 95, (5) 155, (6) 225, (7) 175, (8) 135, (9) 115, (10) 145 ।

(3) इकाई का अंक 6, 7, 8, 9 होने पर नियमानुसार वर्ग संख्या निकालिए–

(A) (1) 16, (2) 36, (3) 46, (4) 96, (5) 116, (6) 86, (7) 56 ।

(B) (1) 27, (2) 47, (3), 87, (4) 107, (5) 127, (6) 137, (7) 77 ।

(C) (1) 28, (2) 118, (3) 18, (4) 38, (5) 88, (6) 78 ।

(D) (1) 99, (2) 19, (3) 39, (4) 119, (5) 109 ।

(4) सामान्य विधि से निम्न संख्याओं के वर्ग निकालिए—

(1) 29, (2) 65, (3) 117, (4) 225, (5) 319, (6) 224, (7) 86, (8) 72, (9) 53, (10) 61, (11) 112, (12) 224 ।

(5) $(\text{य} + 1)^2 = \text{य}^2 + [\text{य} + (\text{य} + 1)]$ तथा $(\text{य} - 1)^2 = \text{य}^2 - [\text{य} + (\text{य} - 1)]$ नियम से निम्न संख्याओं के वर्ग निकालिए—

(1) 49, (2) 51, (3) 101, (4) 99 ।

घनमूल

जब किसी संख्या को उसी संख्या से तीन बार गुणा किया जाता है तो उस संख्या का घन प्राप्त होता है । जैसे 3 को 3 से तीन बार गुणा किया जाए तो 3 का घन प्राप्त होता है—

$$3 \times 3 \times 3 = 3^3 = 27$$

घन को 3^3 या 3 की घात 3 भी लिखते हैं । इसी प्रकार 4^3, 5^3, 6^3 का अर्थ क्रमशः 5 की 5 में तीन बार गुणा, 6 की 6 में तीन बार गुणा होता है । नीचे दी गई सारणी में 1 से 10 तक की संख्याओं के घन दिए हैं ।

घनमूल—जब किसी दी गई संख्या का घनमूल निकालना हो तो इसका अर्थ है, वह संख्या मालूम करना जिसे 3 बार गुणा करने पर दी गई संख्या प्राप्त हो सके; जैसे—27 का घनमूल 3 तथा 64 का घनमूल 4 होगा ।—

घनमूल निकालने के लिए प्रायः हम गुणनखंड विधि का सहारा लेते हैं तथा तीन-तीन संख्याओं के समूह बनाते हैं और प्रत्येक समूह से एक संख्या लेते हैं; जैसे—

$$125 = 5 \times 5 \times 5 = 5 \text{ घनमूल}$$

$$9261 = 3 \times 3 \times 3 \times 7 \times 7 \times 7 = 3 \times 7 = 21 \text{ घनमूल}$$

$$46,656 = 2 \times 2 \times 2 \times 2 \times 2 \times 2 \times 3 \times 3 \times 3 \times 3 \times 3 \times 3$$

$$= 2 \times 2 \times 3 \times 3$$

$$= 36 \text{ घनमूल}$$

पूर्ण घन संख्याओं के घनमूल शीघ्र निकालने की सरल विधि—हम जानते हैं कि—

संख्या	घन	संख्या	घन
1	1	4	64
2	8	5	125
3	27	6	216

7	343	9	729
8	512	10	1000

उपर्युक्त संख्याओं के घन मान की सारणी से विदित होता है कि यदि किसी संख्या (जिसका घनमूल मालूम करना है) का इकाई अंक 1, 4, 5, 6, 9 अथवा 0 है तो घनमूल संख्या का इकाई अंक भी 1, 4, 5, 6, 9 अथवा 0 होगा। यदि घन संख्या का इकाई अंक 8 है अथवा 7 है तो घनमूल संख्या का इकाई अंक क्रमशः 2 अथवा 3 होगा, और यदि घन संख्या का इकाई अंक 2 अथवा 3 है तो घनमूल संख्या का इकाई अंक क्रमशः 8 अथवा 7 होगा।

अब दहाई का अंक मालूम करने के लिए उपर्युक्त घन मान सारणी का उपयोग करते हैं। प्रायः दो अंकों की संख्याओं के घन का मान 4, 5 या 6 अंकों की संख्या होता है। निम्न उदाहरण से घनमूल निकालने की विधि स्पष्ट हो जाती है—

(A) 1728 का घनमूल निकालो—

1728 का घनमूल = 12

(1) 1728 पहले दाईं ओर से बाईं ओर 3, 3 संख्याओं के समूह बनाए। इसमें 728 का एक समूह बनाने के पश्चात् शेष 1 अंक बचा।

(2) क्योंकि 728 में इकाई का अंक 8 है, अतः घनमूल संख्या में इकाई का अंक 2 होगा; क्योंकि घन मान सारणी में 2 का घन 8 है।

(3) अब दहाई के अंक 1 का घनमूल 1 होता है, अतः 1728 में घनमूल का दहाई अंक 1 हुआ।

(4) अतः 1728 का घनमूल 12 होगा।

उत्तर की जाँच— $12 \times 12 \times 12 = 1728 = 12^3$

(B) 59319 का घनमूल निकालना—

(1) संख्या में दाईं ओर से बाईं ओर 3, 3 के समूह बनाने पर 319 का एक समूह बना तथा 59 का दूसरा।

(2) 319 में इकाई का अंक 9 है, अतः घनमूल संख्या में इकाई का अंक 9 होगा (उपर्युक्त सारणी के अनुसार)।

(3) घनमूल संख्या का दहाई अंक निश्चित करने के लिए हम 59 पर विचार करते हैं तो पाते हैं कि घनमूल संख्या का दहाई अंक 3 होगा; क्योंकि 59 का मान $3^3 = 27$ से अधिक है परंतु $4^3 = 64$ से कम है।

(4) अतः 59319 का घनमूल हुआ 39।

उत्तर की जाँच— $39 \times 39 \times 39 = 59319$।

(C) 912673 का घनमूल ज्ञात करो ।

(1) उक्त संख्या में समूह बने 673 तथा 912 ।

(2) 673 में इकाई का अंक 3 है, अतः घनमूल संख्या का इकाई अंक होगा 7 ।

(3) 912 का दहाई का घनमूल अंक 9 होगा क्योंकि 912 का मान $9^3 = 729$ तथा $10^3 = 1000$ के बीच में है ।

(4) अतः 912673 का घनमूल हुआ 97 ।

उत्तर की जाँच—$97 \times 97 \times 97 = 912673$ ।

विशेष—उपर्युक्त विधि द्वारा केवल पूर्ण घन संख्याओं के घनमूल ज्ञात किए जा सकते हैं ।

अभ्यास प्रश्न

निम्न के घनमूल बताओ तथा उत्तर की जाँच करो—

(1) 27	(2) 512	(3) 1,331	(4) 2,744
(5) 4,913	(6) 8,000	(7) 13,824	(8) 19,683
(9) 74,088	(10) 29,791	(11) 3,375	(12) 46,656
(13) 6,859	(14) 2,16,000	(15) 1,85,193	(16) 17,576
(17) 1,10,592	(18) 59,319	(19) 97,336	(20) 50,653

वर्गमूल

अंकगणित में प्रायः छात्रों को वर्गमूल ज्ञात करना होता है अर्थात् उस मूल संख्या को ज्ञात करना होता है, जिससे गुणा करने पर दी हुई संख्या (जिसका वर्गमूल ज्ञात करना है) गुणनफल के रूप में प्राप्त होती है ।

वर्गमूल ज्ञात करने के लिए छात्र प्रायः भाग की विधि अथवा गुणनखंड विधि का उपयोग करते हैं, जिन्हें पुनरावृत्ति के रूप में नीचे दिया गया है ।

गुणनखंड विधि—इस विधि में दी हुई संख्या के गुणनखंड कर, दो एक जैसे अंकों के जोड़े बनाते हैं । इन जोड़ों का गुणनफल ही वर्गमूल होता है ।

$$64 = \underline{2 \times 2} \times \underline{2 \times 2} \times \underline{2 \times 2}$$

$$\therefore \sqrt{64} = 2 \times 2 \times 2 = 8$$

अतः 64 का वर्गमूल हुआ 8 ।

इसी प्रकार—

$$625 = \underline{5 \times 5} \times \underline{5 \times 5}$$

$$\therefore \sqrt{625} = 5 \times 5$$

$= 25$ अतः वर्गमूल $= 25$

भाग विधि—इस विधि में दाईं से बाईं ओर वर्गमूल ज्ञात करने वाली संख्या में दो-दो संख्याओं के जोड़े बनाते हैं । यदि संख्याएँ 3 हों तो दाहिनी ओर से बाईं ओर पहला जोड़ा 2 अंकों का तथा शेष बचे अंक का दूसरा जोड़ा बनाते हैं; जैसे 169 का वर्गमूल ज्ञात करना ।

169 का वर्गमूल ज्ञात करो अथवा $\sqrt{169}$

$\sqrt{\ }$ इस चिह्न द्वारा वर्गमूल का प्रदर्शन होता है ।

विधि— $\sqrt{\underline{1}\ \underline{69}}$

अब पहले 1 में 1 का भाग देंगे । 1, 1 का वर्गमूल है । भाग देते समय जो संख्या भाजक में प्रयुक्त करते हैं वही संख्या भागफल के स्थान पर भी रखते हैं तथा भाजक और भागफल अंक के गुणनफल को वर्गमूल संख्या के जोड़े 1 के

नीचे रखकर घटाया । शेष बचा शून्य ।

अब दूसरे जोड़े 69 की संख्या को उतारकर भाज्य के स्थान पर रखा तथा पहले जोड़े के भागफल का दूना दूसरे जोड़े के लिए भाजक के स्थान पर रखा तथा इस नए भाजक से दूसरे जोड़े की संख्या 69 में भाग दिया तो गया 3 बार । इस अंक 3 को भागफल के स्थान पर रखा तथा इसी अंक को भाज्य 2 के दाईं ओर रखकर भाजक 23 प्राप्त किया तथा 23 × 3 = 69 रखकर भागफल से घटाया ।

प्राप्त भागफल 13 ही अभीष्ट वर्गमूल है ।

पूर्ण विवरण इस प्रकार होगा—

$\sqrt{\underline{1}\ \underline{69}}$

13
1 $\sqrt{169}$
1
23 069
069
× वर्गमूल = 13

इसी प्रकार 1764 का वर्गमूल निकाला—

42
4 $\sqrt{\underline{17}\ \underline{64}}$
16
82 $\sqrt{164}$
164
× वर्गमूल = 42

पूर्ण वर्ग संख्याओं के वर्गमूल ज्ञात करने की सरल विधि—बड़ी संख्याओं के वर्गमूल बिना गुणनखंड या भाग विधि का प्रयोग किए सीधे ही निम्न प्रकार ज्ञात किया जाता है—

हम जानते हैं कि—

$1^2 = 01$	$6^2 = 36$
$2^2 = 04$	$7^2 = 49$
$3^2 = 09$	$8^2 = 64$
$4^2 = 16$	$9^2 = 81$
$5^2 = 25$	$10^2 = 100$

अब यदि किसी वर्ग संख्या में इकाई का अंक 1 है तो वर्गमूल संख्या में इकाई का अंक 1 या 9 हो सकता है। यदि वर्ग संख्या में इकाई का अंक 6 है तो वर्गमूल संख्या में इकाई का अंक 4 या 6 हो सकता है। इसी प्रकार वर्ग संख्या में इकाई का अंक 4 होने पर वह इकाई का अंक 2 या 8 वाली संख्या का वर्ग हो। वर्ग संख्या में इकाई का अंक 9 होने पर वर्गमूल संख्या में इकाई का अंक 3 या 7 होगा तथा 5 होने पर वर्गमूल संख्या में भी इकाई अंक 5 होगा। संक्षेप में—

वर्ग संख्या का इकाई अंक	वर्गमूल संख्या का इकाई अंक
1	1 या 9
4	2 या 8
6	4 या 6
9	3 या 7
5	5
0	0

उदाहरण 1—1764 का वर्गमूल ज्ञात करो।

(1) इस संख्या के दो-दो संख्याओं के जोड़े बनाने पर जोड़े बने 17 और 64।

(2) अब 17 का वर्गमूल होगा 4 क्योंकि 4 का वर्ग 16 तथा 5 का वर्ग 25, अतः वर्गमूल संख्या का दहाई अंक लिखा 4।

(3) 64 में इकाई का अंक 4 है, अतः यह 2 या 8 के इकाई अंक वाली संख्या का वर्ग है। प्रश्न उठता है कि दहाई के अंक 4 के साथ इकाई का अंक 2 लिखा जाए या 8।

(4) अब दहाई की वर्गमूल संख्या 4 से अगली संख्या 5 लेकर वर्गमूल संख्या 4 से गुणा करते हैं। गुणनफल हुआ 20 जो 17 से अधिक है, अतः इकाई का अंक 2 चुना।

(5) इस प्रकार वर्गमूल संख्या हुई 42।

नोट—*प्राप्त वर्गमूल संख्या के दहाई अंक और इससे अगले अंक का गुणनफल यदि वर्गमूल ज्ञात की जाने वाली संख्या से अधिक है, तो छोटी संख्या वर्गमूल संख्या का इकाई अंक होती है। यदि दहाई अंक और उससे अगली संख्या का गुणनफल कम होता है तो वर्गमूल संख्या में इकाई अंक बड़ी संख्या चुनते हैं।*

उदाहरण 2—2304 का वर्गमूल ज्ञात करो।

उदाहरण 1 की तरह ही—

<u>23</u> <u>04</u>

4, 2 या 8 (वर्गमूल संख्या में दहाई अंक 4, इकाई अंक 2 या 8)

$4 \times 5 = 20$ (दहाई के अंक और अगली संख्या का गुणनफल)

गुणनफल 20 संख्या 23 से कम है, अतः 2 और 8 में से बड़ी संख्या 8 का चयन किया और वर्गमूल हुआ 48 ।

पुष्टि—$48 \times 48 = 2304$ ।

इसी प्रकार— <u>86</u> <u>49</u>

9, 3 या 7

$9 \times 10 = 90$

गुणनफल संख्या 86 से अधिक है,

अतः इकाई अंक 3

वर्गमूल = 93

<u>94</u> <u>09</u> के वर्गमूल क्रमशः

9, 3 या 7

$9 \times 10 = 90$

गुणनफल 90, संख्या 94 से कम है,

अतः इकाई अंक 7

वर्गमूल = 97

इसी नियम के अनुसार— 2116 का वर्गमूल = 46

5476 का वर्गमूल = 74

5041 का वर्गमूल = 71

4761 का वर्गमूल = 69

7225 का वर्गमूल = 85

दो अंकों की संख्या के वर्गमूल—दो अंकों की पूर्ण वर्ग संख्याएँ क्रमशः 1, 4, 9, 16, 25, 36, 49, 64, 81 हैं; जिनके वर्गमूल क्रमशः 1, 2, 3, 4, 5, 6, 7, 8 तथा 9 सदैव याद रहते हैं ।

तीन अंकों की संख्या के वर्गमूल—तीन अंकों की संख्या का वर्गमूल ज्ञात करते समय प्रायः दाहिनी ओर से बाईं ओर पहला जोड़ा 2 अंकों की संख्या का, शेष संख्या का अलग जोड़ा बनाते हैं; जैसे—

उदाहरण— $\sqrt{676}$

$= \sqrt{\underline{6}\ \underline{76}}$ (एक जोड़ा 76 का तथा दूसरा 6 का)

$= 2$ (6 का वर्गमूल 2 दहाई अंक)

अब इकाई अंक 4 या 6 के निश्चय के लिए दहाई अंक की वर्गमूल संख्या 2 से अगला अंक 3 चुना । अगली संख्या 3 और वर्गमूल संख्या 2 का गुणनफल = 6 अतः इकाई अंक चुना 6

= 26 यही अभीष्ट वर्गमूल है ।

चार अंकों की संख्या का वर्गमूल—चार अंकों की संख्या का वर्गमूल ज्ञात करने में दाहिनी ओर से बाईं ओर दो-दो संख्याओं के जोड़े बनाते हैं ।

पाँच अंकों की संख्याओं का वर्गमूल—पाँच अंकों की संख्या का वर्गमूल ज्ञात करने में पहला जोड़ा 2 अंकों की संख्या का तथा दूसरा जोड़ा 3 अंकों की संख्या का लेते है; जैसे—

$\sqrt{13225}$ को इस तरह लिखते हैं—

$\sqrt{\underline{132}\ \underline{25}}$ शेष प्रक्रिया पूर्ववत् अपनाते हैं ।

132 में देखने पर वर्गमूल संख्या का दहाई अंक 11 (क्योंकि $11^2 = 121$ तथा $12^2 = 144$ । अतः दहाई अंक 11 चुना)

115 (इकाई अंक 5 क्योंकि वर्गमूल ज्ञात करने वाली संख्या में यदि इकाई का अंक 5 हो तो वर्गमूल में भी इकाई का अंक 5 होगा ।

उदाहरण—17956 का वर्गमूल ज्ञात करना ।

$\sqrt{\underline{179}\ \underline{56}}$

13, 4 या 6 [$13^2 = 169, 14^2 = 196$ अतः 13 दहाई अंक]

वर्गमूल = 134 [$13 \times 14 = 182$ जो कि वर्ग संख्या से अधिक है, वर्गमूल संख्या का अंक चुना 4]

अभ्यास प्रश्न

निम्न के वर्गमूल निकालिए—

(1) $\sqrt{625}$	(2) $\sqrt{361}$	(3) $\sqrt{144}$	(4) $\sqrt{15625}$
(5) $\sqrt{961}$	(6) $\sqrt{676}$	(7) $\sqrt{289}$	(8) $\sqrt{529}$
(9) $\sqrt{9801}$	(10) $\sqrt{8281}$	(11) $\sqrt{6724}$	(12) $\sqrt{7744}$
(13) $\sqrt{7396}$	(14) $\sqrt{5329}$	(15) $\sqrt{7569}$	(16) $\sqrt{2916}$
(17) $\sqrt{4356}$	(18) $\sqrt{10000}$	(19) $\sqrt{13225}$	(20) $\sqrt{45796}$

मनोरंजक गुणन विधियाँ

अंकगणित में हमें गणनाएँ करते समय प्रायः अनेक बड़ी राशियों का आपस में गुणा करना पड़ता है । इसके लिए विद्यार्थियों से अपेक्षा की जाती है कि उन्हें 20 तक पहाड़े याद हों । आज गणना करने के यंत्र की उपस्थिति के कारण विद्यार्थी दस (10) तक पहाड़े याद करके अपना काम चला लेते हैं; फिर भी छात्र त्रुटि ही नहीं करते अपितु समय भी अधिक लगाते हैं । हम यहाँ उन द्रुतगामी विधियों का उल्लेख करेंगे जिनमें 5 तक के पहाड़ों से ही गुणा सरलता और शीघ्रता से किए जा सकते हैं । इसका यह अर्थ नहीं कि विद्यार्थी केवल 5 तक ही पहाड़े याद करें । यदि उन्होंने कक्षा एक अथवा दो में 20 तक पहाड़े याद नहीं किए तो आगे उनको याद करना अधिक कठिन होगा । निम्न विधियों का ज्ञान भारतीय गणितज्ञों को बहुत पहले से ही था । इन विधियों का प्रयोग प्राप्त गुणनफल के परिणामों की जाँच करने के लिए किया जा सकता है तथा विद्यार्थी स्वयं नवीन विधियों की खोज कर सकते हैं ।

(1) इकाई के अंकों की गुणन विधि—

हम यह मानकर चलते हैं कि आपको 5 तक पहाड़े याद हैं और जोड़ना घटाना आपको आता है ।

(1) 9 × 8

9 – 1 (10) आधार संख्या
8 – 2 (10) आधार संख्या
7 2

9 – 2 ┘ └— 1 × 2

अथवा

8 – 1

(2) 9 × 9

9 – 1 (10) आधार संख्या
9 – 1 (10) आधार संख्या
8 1

9 – 1 ┘ └— 1 × 1

(3) 8 × 7

8 – 2 (10) आधार संख्या

7 – 3 (10) आधार संख्या

5 6

8 – 3 2 × 3

अथवा

7 – 2

(4) 6 × 6

6 – 4 (10) आधार संख्या

6 – 4 (10) आधार संख्या

1 6 — 4 × 4

6 – 4 2

3 6

उदाहरण (1) में 9 × 8 की विधि प्रदर्शित की गई है। इसमें 9 – 1 = (10) तथा 8 – 2 = (10) लिखा है। अर्थात् गुणा की जाने वाली संख्याएँ 10 से जितनी कम हैं उस राशि के साथ (–) चिह्न लगाकर लिखा है।

अब इस क्रिया के दो पक्ष हो गए। दाएँ पक्ष में 1 तथा 2 और बाएँ पक्ष में गुणा की जाने वाली संख्याएँ हैं। अब दाएँ पक्ष की संख्याओं का गुणा किया जो 1 × 2 = 2 प्राप्त हुआ। 2 गुणनफल के इकाई का अंक है। बाएँ पक्ष के अंक 9 व 8 में से छेदन घटा किया, अर्थात् 9 – 2 = 7 तथा 8 – 1 = 7। इस प्रकार से 7 अंक गुणनफल के दहाई का अंक है। अतः 9 × 8 = 72।

इसी प्रकार उदाहरण (2) व (3) में इस विधि को प्रदर्शित किया गया है।

उदाहरण (4) में 6 को 6 से गुणा किया गया है। 6 और 4 दस होते हैं। पहले 4 × 4 = 16 लिखा। इसमें एक हासिल की संख्या है। अतः 6 में से 4 घटाकर (छेदन विधि) 2 प्राप्त किया। 2 में हासिल की संख्या एक जोड़कर प्राप्त किया, अतः 6 × 6 = 36।

(2) आधार 10 से बड़ी संख्याओं के गुणनफल—

इस क्रिया को हम दो भागों में विभाजित करेंगे—

(अ) जिसमें गुण्य 20, 30, 40, 50 आदि के निकट हो तथा गुणक 10 के निकट हो; जैसे—

(1) 19 × 9

19 – 1 (20) आधार संख्या

9 – 1 (10) आधार संख्या

17 1

19 – (1 × 2) 1 × 1

या

(9 × 2) – 1

(2) 19 × 8

19 – 1 (20) आधार संख्या

8 – 2 (10) आधार संख्या

15 2

19 – (2 × 2) 1 × 2

या

(8 × 2) – 1

(3) 18 × 8
18 – 2 (20) आधार संख्या
8 – 2 (10) आधार संख्या
1 4 4
18 – (2 × 2) — 2 × 2
या
(8 × 2) – 2

(4) 17 × 6
17 – 3 (20) आधार संख्या
6 – 4 (10) आधार संख्या
1 2 — 4 × 3
17 – (4 × 2) – 9
या
1 0 2
(6 × 2) – 3

जो बच्चे 19 का पहाड़ा जानते हैं वे 19 नेवाँ 171 शीघ्र ही बता सकते हैं । परंतु यहाँ हम 5 तक के पहाड़े के माध्यम से यह क्रिया करेंगे । 19 में एक जोड़ने पर 20 होते हैं । 9 और 1 दस होते हैं, अतः 19 के साथ 1 तथा 9 के साथ भी एक लिखा है । अब 1 × 1 = 1 इकाई पर लिखा है । जैसाकि हम पहले कर चुके हैं । 9 के सम्मुख 1 के दो गुने (1 × 2) को 19 में से घटाकर 17 को 1 के साथ लिखा । एक को दो से गुणा इसलिए किया गया; क्योंकि 19 और 1 बीस 9 और 1 दस से दो गुना है । यह क्रिया इस प्रकार भी हो सकती है कि हम 9 के दूने (18) में से एक घटाएँ 9 × 2 – 1 = 17 ।

जिसमें गुणा तथा गुणक 10, 20, 30 आदि के निकट हों; जैसे– 14, 12, 11, 12, 24, 31 आदि (छेदन योग विधि)–

(1) 14 × 12
14 + 4 (10) आधार संख्या
12 + 2 (10) आधार संख्या
16 8
14 + 2 — 4 × 2
या
12 + 4

(2) 13 × 14
13 + 3 (10) आधार संख्या
14 + 4 (10) आधार संख्या
12 → 4 × 3
13 + 4 — 17
या
182
14 + 3

उदाहरण (1) में 14 × 12 की गुणनफल की प्रक्रिया को स्पष्ट किया गया है । 14 तथा 12 को 14 + 4 तथा 12 + 2 लिखा गया है । अर्थात् गुण्य तथा गुणक 10 से जितना अधिक हैं उतने अंक उनके सम्मुख लिखें ।

अब पहले की भाँति दाएँ पक्ष का गुणा (4 × 2 = 8) करके इकाई पर 8 लिखा है । आधार संख्या में कम संख्याओं के गुणन में हमने छेदन घटने की क्रिया अपनाई थी । आधार संख्या से अधिक संख्या होने की स्थिति में हम छेदन योग

करते हैं । अतः बाएँ पक्ष में 14 + 2 = 16 तथा 12 + 4 = 16 को 8 के साथ लिखकर 168 प्राप्त किया । इसी प्रकार 13 × 14 में, 3 × 4 = 12 प्राप्त किया, यहाँ पर एक हासिल लगा; जिसे 13 + 4 = 17 अथवा 14 + 3 = 17 में जोड़कर 182 प्राप्त किया । इस विधि से 12 × 17, 17 × 19 के गुणनफल ज्ञात किए जा सकते हैं । परंतु इसमें 5 से आगे के पहाड़ों का प्रयोग होगा, यथा—

12 + 2 (10) आधार संख्या
17 + 7 (10) आधार संख्या
14 → 7 × 2
12 + 7 ← 19
या 204
17 + 2

17 + 7 (10) आधार संख्या
19 + 9 (10) आधार संख्या
63 → 7 × 9
17 + 9 ← 26
या 323
19 + 7

घटाने वाली छेदन विधि को आगे बढ़ाने पर—

29 × 9
29 − 1 (30) आधार संख्या
9 − 1 (10) आधार संख्या
26 1
29 −(1 × 3) → 1 × 1
या
(9 × 3) − 1

48 × 8
48 − 2 (50) आधार संख्या
8 − 2 (10) आधार संख्या
38 4
48 −(2 × 5) → 2 × 2
या
(8 × 5) − 2

29 × 9 में 29 का आधार 30 तथा 9 का आधार 10 है । चूँकि 30, 10 का 3 गुना है, अतः 29 में से 1 का 3 गुना (1 × 3) घटाया गया है । या 9 के 3 गुने में से 1 घटाया गया है । 48 × 8 में आधार 50 तथा 10 है । इसलिए 48 में से 2 का 5 गुना घटाया गया है । या 8 के 5 गुने में से 2 घटाया गया है ।

गुण्य और गुणक के 20 या अधिक होने पर—

19 − 1 (20) आधार संख्या
18 − 2 (20) आधार संख्या
34 2
(19 − 2) × 2 —— 34   2 —— 1 × 2
या (18 − 1) × 2

इसमें दोनों का आधार 20 है । अतः (19 – 2) अथवा (18 – 1) का दो गुना करके 1 × 2 = 2 के साथ दाएँ पक्ष में 34 लिखा गया है । अतः 19 × 18 = 342 । इसी प्रकार 29 × 29 का मान ज्ञात कर सकते हैं—

29 – 1 (30) आधार संख्या
29 – 1 (30) आधार संख्या
84 1

(29 – 1) × 3 = 84 —— 1 × 1

यहाँ पर दोनों के आधार 30 हैं । इसलिए 29 में से 1 घटाने पर 3 से गुणा किया गया है ।

49 × 27 का मान भी निम्न विधि से किया जाएगा—

49 × 27
49 – 1 (50) आधार संख्या
27 – 3 (30) आधार संख्या
132 3
—— 1 × 3

49 × 3 – 3 × 5 = (49 × 3) – 15

= 147 – 15 = 132

अथवा

27 × 5 – 3 × 1 = 135 – 3 = 132

इस प्रश्न में आधार 50 तथा 30 है, अतः 49 को 3 से गुणा करके प्राप्त गुणनफल में से 3 का 5 से गुणनफल घटाया गया है । इसी प्रकार 27×5 में से 3×1 घटाया गया है । इसी प्रकार निम्नलिखित उदाहरण को समझिए—

69 × 29
69 –1 (70) आधार संख्या
29 –1 (30) आधार संख्या
200 1
—— 1 × 1

69 × 3 – 1 × 7 = (69 × 3) –7 = 200

अथवा

29 × 7 – 3 × 1 = (29 × 7) –3 = 203 –3 = 200

छेदन योग विधि से 20 से बड़ी संख्याओं का गुणा—

आधार के परिवर्तन के साथ ही गुणा करने वाली संख्याओं की जटिलता भी बढ़ती चली जाती है । पिछले अनुच्छेदों में छेदन योग विधि से 10 से बड़ी संख्याओं का गुणा सिखाया गया है । अब 20 से अधिक की संख्याओं का सरल गुणा सीखेंगे ।

उदाहरण—

(a) 22 × 25

22 + 2 (20) आधार संख्या

25 + 5 (20) आधार संख्या

$27_{1}, 0$

× 2

$54,_{1} 0$

= 550

(b) 24 × 26

24 + 4 (20) आधार संख्या

26 + 6 (20) आधार संख्या

$30_{2}, 4$

× 2

$60_{2}, 4$

= 624

(c) 28 × 22

28 + 8 (20) आधार संख्या

22 + 2 (20) आधार संख्या

$30_{1}, 6$

× 2

$60,_{1} 6$

= 616

उपर्युक्त उदाहरणों का स्पष्टीकरण निम्न प्रकार है—

स्पष्टीकरण—उदाहरण (a) में 22 × 25 की प्रक्रिया प्रदर्शित की गई है, क्योंकि दोनों संख्याएँ 20 से अधिक हैं और इनकी अधिकता 20 से ही ली गई है, अतः हम आधार 20 मानते हैं, जो 10 से दुगुना है ।

अब संख्याओं का गुणा 10 से अधिक की संख्याओं के गुणा में वर्णित विधि के अनुसार तो दायाँ पक्ष 10 तथा बायाँ पक्ष 27 प्राप्त हुआ । अब बाएँ पक्ष को दो से गुणा करते हैं । क्यों ? इसलिए कि आधार 20 आधार 10 से दो गुना है । अतः वामपक्ष की राशि 27 को दो से गुणा करने पर प्राप्त राशि 54 लिख लेते

हैं तथा इसमें पूर्ववत् दाएँ पक्ष का हासिल 1 जोड़कर 55 वामपक्ष में लिख देते हैं । इस प्रकार अभीष्ट राशि 550 ही 22 × 25 का गुणनफल होगी ।

उदाहरण (b) तथा (c) में भी इसी क्रिया को अपनाया गया है ।

छेदन विधि से 30 से अधिक तथा 100 से कम संख्याओं का गुणनफल—

30 या 30 से अधिक की संख्या में 99 तक की संख्याओं के गुणनफल प्राप्त करने अर्थात् गुणा करने में हम 10 या 20 से अधिक 29 तक की संख्याओं के गुणनफल प्राप्त करने की विधि में प्रयुक्त प्रक्रिया को अपनाते हैं । अंतर केवल आधार का होता है ।

यदि संख्या 31 से 39 तक है तो आधार 30 लेते हैं । यदि 40 से अधिक है तो आधार 40 लेते हैं । दाएँ पक्ष की संख्या का हासिल बाएँ पक्ष की संख्या में आधार से गुणा करके जोड़ देते हैं । निम्न उदाहरण उपर्युक्त नियम के स्पष्टीकरण में सहायक होंगे—

उदाहरण—

31 × 39

31 + 1 (30) आधार संख्या
39 + 9 (30) आधार संख्या

40 | 9
× 3

120 | 9
= 1209

42 × 48

42 + 2 (40) आधार संख्या
48 + 8 (40) आधार संख्या

50 | $_1$6
× 4

200 | $_1$6
= 2016

53 × 57

53 + 3 (50) आधार संख्या
57 + 7 (50) आधार संख्या

60 | $_2$1
× 5

300 | $_2$1
= 3021

64 × 66

64 + 4 (60) आधार संख्या
66 + 6 (60) आधार संख्या

70 | $_2$4
× 6

420 | $_2$4
= 4224

इन उदाहरणों की सत्यता की जाँच वर्ग ज्ञात करने की विधियों के पाठ में वर्णित गुणनफल की विधियों से कीजिए ।

भिन्न आधार वाली संख्याओं का गुणनफल—कई बार ऐसी संख्याओं का गुणा करना पड़ सकता है, जिनके आधार अलग-अलग हों अथवा एक संख्या आधार से अधिक हो तथा दूसरी संख्या आधार से कम हो । ऐसी परिस्थिति में निम्न प्रक्रिया अपनाते हैं ।

(A) गुणन संख्याओं में एक आधार से कम तथा दूसरी उसी आधार से कम—

ऐसी संख्याओं के गुणनफल में धन तथा ऋण चिह्न से प्राप्त गुणनफल ऋणात्मक होगा तथा छेदन योग अथवा घटा से प्राप्त राशि में से घटा दिया जाएगा । इस प्रकार घटाकर प्राप्त की गई राशि को दाएँ पक्ष में लिख लेते हैं । निम्न उदाहरण से यह बात स्पष्ट हो जाती है ।

उदाहरण—

(a)
```
 11 + 1   (10) आधार संख्या
  9 − 1   (10) आधार संख्या
 ────────
 10 | 1 = 99
  1
```
11 − 1 = 10

अथवा

9 + 1 = 10

(b)
```
 21 + 1   (20) आधार संख्या
 17 − 3   (20) आधार संख्या
 ────────
 18 | 3
  × 2
 ────────
 36 | 3 = 357
```

(c)
```
 31 + 1   (30) आधार संख्या
 21 − 9   (31) आधार संख्या
 ────────
 22 | 9
  × 3
 ────────
 66 | 9 = 651
```

उदाहरण (a) में 11 × 9 की प्रक्रिया स्पष्ट की गई है । इसमें पहली संख्या 11 आधार 10 से एक अधिक है । तथा दूसरी संख्या 9 आधार 10 से एक कम । इन संख्याओं को पूर्ववत् 11 + 1 तथा 9 − 1 लिखा है ।

इनका दायाँ पक्ष − 1 (ऋणात्मक 1) आया, इसे हम| के नीचे लिखते हैं तथा छेदन योग से प्राप्त राशि, 10 में से सामान्य विधि से घटाकर दायाँ पक्ष 9

लिखा तथा वामपक्ष में शेष 9 बचा । वामपक्ष की राशि दहाई का स्थान है । अतः दहाई अंक दाएँ पक्ष में ले जाने पर इकाई अंक 10 में से एक घटाकर दाएँ पक्ष में अंक 9 बचा । वामपक्ष में 10 से एक दाएँ पक्ष में जाने पर वामपक्ष में भी दहाई का अंक 9 बचा ।

उदाहरण (b) तथा (c) की व्याख्या भी इसी प्रकार की जा सकती है । पूर्व तरीकों से प्राप्त वामपक्ष में / चिह्नित दाएँ पक्ष की राशि घटाकर गुणनफल प्राप्त होता है ।

(B) जब गुणन राशियों के आधार बहुत अधिक भिन्न हों—

माना 61 और 29 का गुणा करना है । यह स्थिति ऊपर वर्णित किसी भी नियम के अंतर्गत नहीं आती है ।

61 और 29 में पहली संख्या का आधार 60 तथा दूसरी का 20 या 30 माना जा सकता है । इस प्रकार की संख्याओं का गुणनफल निम्न प्रकार प्राप्त किया जा सकता है—

(a) आधार 60 मानकर

61 + 1 (60) आधार संख्या
29 − 31 (60) आधार संख्या

$30 \mid {}_{3}1$
$\times 6$

$180 \mid {}_{-3}1$
$= 179\ {}_{-3}9$
$= 1769$

(b) आधार 30 मानकर

32 + 2 (30) आधार संख्या
18 − 12 (30) आधार संख्या

$20 \mid {}_{2}4$
$\times 3$

$60 \mid {}_{-2}4$
$= 576$

उदाहरण में हमने आधार 60 मान लिया । प्रायः बड़ी वाली संख्या को आधार राशि लेते हैं । अब 61 को पूर्व की भाँति 61 + 1 तथा 29 को 60 − 29 या 29 − 31 लिखा ।

दाएँ पक्ष में गुणनफल पहले ही की तरह − 31 (ऋणात्मक 31) आया तथा वामपक्ष में छेदन योग 30 आया । अब 30 को 6 से गुणा करके 180 प्राप्त हुआ (क्योंकि आधार 10 का 6 गुणा है) । 180 में से $\overline{3}$ में इकाई का अंक एक घटाकर दाएँ पक्ष में प्राप्त हुई राशि प्राप्त हुई 9 ।

$\sqrt{}_{3}1$ में $\sqrt{}_{3}$ पूर्व की प्रक्रिया की भाँति 179 में हासिल के रूप में जोड़ दी जाएगी । परंतु यह राशि ऋणात्मक है, अतः 179 + (−3) = 176 वामपक्ष हुआ । इस प्रकार कुल राशि 1769 प्राप्त हुई जो 61 × 29 का गुणनफल है ।

वामपक्ष में प्राप्त राशि 180 दहाई के मूल्य 180 × 10 = 1800 में से 31 घटाकर वांछित गुणनफल 1769 प्राप्त किया अथवा दाएँ पक्ष की राशि 31 के 3 दहाई का तथा एक इकाई अंक मानकर सामान्य विधि से घटाया । उदाहरण (a) की भाँति ही उदाहरण (b) में 32 और 18 का गुणनफल 576 प्राप्त हुआ ।

आधार 100 तथा 100 से अधिक 900 तक गुणन—

जब 100 या 100 से अधिक की संख्याओं का गुणा करते हैं तो दाएँ पक्ष में इकाई के अंक के स्थान पर इकाई और दहाई की दो राशियाँ रखते हैं तथा शेष वामपक्ष में हासिल की तरह जोड़ते हैं ।

उदाहरण—

(a)	(b)	(c)
109 × 105	91 × 95	25 × 99
109 + 9	91 – 9	25 – 75
105 + 5	95 – 5	99 – 1
114/45	86/45	24/75
= 11445	= 8645	= 2475

उदाहरण (a) में 109 तथा 105 संख्याएँ दोनों 100 से अधिक हैं । दोनों के पूर्व में आधार से अधिक की संख्याओं की गुणनविधि के अनुरूप 109 + 9 तथा 105 + 5 लिखा । दाएँ पक्ष में दहाई तक की संख्याओं का आधार होने पर केवल इकाई का अंक रखते थे । अब आधार 100 होने पर गुणन संख्याओं के 100 से अधिक अथवा कम अंक के गुणनफल में से दहाई तक के अंकों को दाएँ पक्ष की राशि मानते हैं ।

(A) उपर्युक्त उदाहरण (a) में 9 और 5 का गुणनफल 45 दायाँ पक्ष हुआ तथा 109 और 5 अथवा 105 और 9 का छेदन योग 114 वामपक्ष हुआ । अतः 11445 संख्या 109 और 105 का गुणनफल हुआ ।

उदाहरण (b) में 91 × 95 को हल करते समय हम देखते हैं कि दोनों ही राशियाँ 100 से कम हैं । अतः 100 में से गुणन संख्या को घटाकर प्राप्त राशि को दाईं ओर पहले की तरह ऋणात्मक चिह्न का प्रयोग करते हुए 91 – 9 तथा 95 – 5 लिखा । शेष प्रक्रिया आधार 10 या 100 के अनुरूप होगी तथा गुणनफल 8645 होगा ।

उदाहरण (c) में 25 × 99 का गुणा भी (a) तथा (b) की भाँति करते हैं । जिसका गुणनफल 2475 आया ।

कुछ अन्य उदाहरण प्रक्रिया स्पष्टीकरण हेतु निम्न प्रकार हैं—

91 – 9 (100) आधार संख्या
91 – 9 (100) आधार संख्या
82/81
= 8281

93 – 7 (100) आधार संख्या
92 – 8 (100) आधार संख्या
85/56
= 8556

95 – 5 (100) आधार संख्या
95 – 5 (100) आधार संख्या
90/25
= 9025

(B) दाएँ पक्ष में केवल इकाई का अंक प्राप्त होने पर अपनी तरफ से दहाई के स्थान पर शून्य बढ़ा लेते हैं । निम्न उदाहरण से यह प्रक्रिया स्पष्ट हो जाती है—

(a) 96 – 4 (100) आधार संख्या
98 – 2 (100) आधार संख्या
94/8
= 9408

(b) 97 – 3 (100) आधार संख्या
97 – 3 (100) आधार संख्या
94/9
= 9409

उपर्युक्त दोनों उदाहरणों (a) तथा (b) में दाएँ पक्ष की संख्याओं का गुणा करने पर क्रमशः 8 तथा 9 प्राप्त होते हैं, जो कि इकाई के अंक हैं । आधार 100 मानने पर हम दाएँ पक्ष में गुणा से प्राप्त दहाई तथा इक़ाई के अंकों को रखते हैं । अतः दहाई के अभाव में अपनी तरफ से दहाई के स्थान पर शून्य बैठा लेते हैं । उदाहरण (a) तथा (b) दोनों ही में इसीलिए क्रमशः 8 तथा 9 के स्थान पर दाएँ पक्ष में 08 तथा 09 लिखते हैं तथा बायाँ पक्ष छेदन घटा या योग द्वारा प्राप्त राशि क्रमशः 94 तथा 94 रखते हैं । इस प्रकार प्राप्त गुणनफल 9408 तथा 9409 ही क्रमशः अभीष्ट गुणनफल हैं ।

(C) अब कुछ अन्य संख्याओं की गुणन प्रक्रिया को देखते हैं, जिनमें आधार 100 लिया गया है ।

(b) 87 – 13 (100) आधार संख्या
87 – 13 (100) आधार संख्या
74 69
1
= 7569

(b) 24 – 76 (100) आधार संख्या
97 – 3 (100) आधार संख्या
24 28
2
= 2328

उदाहरण (a) में 87 × 87 का गुणनफल 7569 है । दाएँ पक्ष के 13 × 13 का गुणनफल 169 के स्थान पर 69 दाएँ पक्ष में रखते हैं तथा सैकड़े का एक हासिल के रूप में वामपक्ष में जोड़ देते हैं । अतः वामपक्ष में 74 के स्थान पर 75 लिख देते हैं ।

उदाहरण (b) में 24 × 97 का गुणा करने पर 24, आधार 100 से 76 कम है, अतः 24 – 76 लिखते हैं तथा 97 को 97 – 3 । अब दाएँ पक्ष में सीधा गुणा 76 × 3 = 228 का 28 लिखते हैं तथा हासिल 2 नीचे लिखते हैं । वामपक्ष के छेदन घटा से प्राप्त राशि 21 में 2 हासिल जोड़कर 23 लिख देते हैं । अतः अभीष्ट गुणनफल 2328 हुआ ।

गुणन विधि जब आधार 1000 हो (या हजार के निकट वाली संख्याएँ)–

बड़ी संख्याओं में हम आधार को 100 से बढ़ाकर 1000 कर लेते हैं तथा 10 के आधार तथा 100 के आधार से गुणन-प्रक्रिया थोड़ी बदल जाती है ।

10 आधार लेने पर दाएँ पक्ष में केवल इकाई रखते हैं तथा इकाई से अधिक दहाई की राशि को वामपक्ष में जोड़ देते हैं । 100 आधार मानकर गुणा करने में इकाई तथा दहाई की संख्या हम दाएँ पक्ष में रखते हैं । दाएँ पक्ष में दहाई की राशि अनुपस्थित रहने पर अपनी तरफ से दहाई के स्थान पर शून्य रख देते हैं । 1000 आधार मानकर गुणन-प्रक्रिया में हम दाएँ पक्ष में इकाई, दहाई तथा सैकड़ा रखते हैं । शेष प्रक्रिया पहले की तरह रहती है, अर्थात् दाएँ पक्ष में हजार की राशि होने पर वामपक्ष में जोड़ देते हैं तथा सैकड़े या दहाई के स्थान पर कोई अंक न होने पर अपनी तरफ से शून्य बैठा देते हैं । निम्न उदाहरण से प्रक्रिया स्पष्ट हो जाती है–

(a) 887 – 113 (1000) आधार संख्या
997 – 003 (1000) आधार संख्या
884/339
= 884339

(b) 998 – 002 (1000) आधार संख्या
997 – 003 (1000) आधार संख्या
995/006
= 995006

(c) 888 – 112 (1000) आधार संख्या
991 – 009 (1000) आधार संख्या
879/$_1$008
= 880/008 = 880008

उदाहरण (a) तथा (b), पूर्व में अपनाई गई प्रक्रिया से स्पष्ट हैं। उदाहरण (c) में दाएँ पक्ष में 1000 की संख्या अर्थात् आधार से अधिक राशि प्राप्त होने पर वामपक्ष में हासिल जोड़ देते हैं। इसी प्रकार इस सूत्र को किसी भी संख्या के लिए परिवर्तित किया जा सकता है।

गुणन संख्या का आधार 10, 100, 1000 से काफी कम होने पर गुणन प्रक्रिया—

जब गुणा की जाने वाली संख्याएँ आधार से कम हों तो दाएँ पक्ष की संख्या में आधार का नियम लागू करते हुए गुणन राशि रखते हैं। परंतु वामपक्ष में नए आधार के अनुरूप मूलाधार से कम कर लेते हैं; जैसे—

47 × 41
47 – 3 (50) आधार संख्या
41 – 9 (50) आधार संख्या

$\frac{38}{2}$/27
= 19/27 = 1927

उपर्युक्त उदाहरण में क्योंकि 100 का मध्य 50 है, अतः वामपक्ष की संख्या को दो से भाग करके प्राप्त राशि को वामपक्ष में रखते हैं। प्रस्तुत प्रश्न में वामपक्ष की राशि 38 को दो से भाग देकर 19 रखा, दायाँ पक्ष अपरिवर्तित रहता है।

विशिष्ट परिस्थिति—

(a) 43 × 42
43 – 7
42 – 8

$\frac{35}{2}$/56
= 17_1/56 = 1806

(b) 42 × 49
42 – 8
49 – 1

$\frac{41}{2}$/ 08
= 20_1/08 = 2058

उदाहरण (a) में वामपक्ष संख्या 35 है जो 2 से विभाजित करने पर 17.5 या 17 पूरा या शेष बचा रहता है। इस एक (1) का स्थानीय मान 100 है। अतः इसका आधा यानी 50 दाएँ पक्ष में जोड़ देते हैं। प्रस्तुत प्रश्न के दाएँ पक्ष में 56 में 50 जोड़ने पर 56 + 50 = 106 हो जाता है। अतः आधार 100 के नियमानुसार 06 दाएँ पक्ष में रखते हैं और एक को पुनः वामपक्ष में जोड़ देते हैं। अतः अभीष्ट गुणनफल 1806 होगा।

उदाहरण (b) में उपर्युक्त उदाहरण की भाँति शेष एक स्थानीय मान 100 का आधा 50 दाएँ पक्ष में जोड़कर 58 लिख देते हैं । अतः अभीष्ट गुणनफल 2058 होगा ।

अतः प्रश्न उठता है कि हमने वामपक्ष में 2 का भाग क्यों दिया तथा वामपक्ष में शेष 1 बचने पर स्थानीय मान 100 में दो का भाग देकर संख्या 50 को दाएँ पक्ष में क्यों जोड़ दिया? कारण स्पष्ट है क्योंकि नया आधार 100 का आधा यानी 50 है ।

सैद्धांतिक रूप से मूलाधार के 1/4 या 3/4 या अन्य कोई राशि आधार मानी जा सकती है । परंतु भाजन गणना में सुविधा के स्थान पर असुविधा होगी, अतः ऐसी संख्याओं में अन्य नियमों का प्रयोग करते हैं ।

विशिष्ट गुणन नियम—

विशिष्ट परिस्थितियों में गुणनफल प्राप्त करने के हम कुछ अत्यंत सरल नियमों का अध्ययन करेंगे—

उदाहरण—

(a) 46 × 44	(b) 98 × 92	(c) 97 × 93
46	98	97
× 44	× 92	× 93
2024	9016	9021

उपर्युक्त सभी उदाहरणों की संख्याओं में निम्न विशेषताएँ हैं—

(1) इकाई की संख्याओं का योग 10 है ।

(2) दहाई की संख्या गुणा की जाने वाली संख्याओं में एक समान है ।

इस प्रकार की संख्याओं के गुणनफल प्राप्त करने के लिए हम इकाई के अंकों का गुणा करते हैं । [जैसे उदाहरण (a) में 46 × 44 को हल करते समय 6 × 4 = 24] और गुणनफल दाएँ पक्ष में रखते हैं ।

अब दहाई की संख्या से अगली इकाई लेकर गुणा करते हैं और गुणनफल को हम वामपक्ष में रख लेते हैं । उदाहरण (a) में 4 से अगली संख्या 5 लेकर गुणा किया और गुणनफल 20 वामपक्ष में रखा । इस प्रकार प्राप्त संख्या 2024 ही 46 × 44 का गुणनफल होगा ।

यही प्रक्रिया उदाहरण (b) तथा (c) में अपनाई गई है । 98 × 92 में 8 × 2 = 16 दायाँ पक्ष तथा 9 से अगली संख्या 10 का गुणनफल 90 वामपक्ष बना ।

(a) $\begin{array}{r} 19 \\ \times 11 \\ \hline 209 \end{array}$ (b) $\begin{array}{r} 29 \\ \times 21 \\ \hline 609 \end{array}$ (c) $\begin{array}{r} 39 \\ \times 31 \\ \hline 1209 \end{array}$

उपर्युक्त गुणन-प्रक्रिया में 19×11, 29×21, 39×31 में दाएँ पक्ष में 9 तथा वामपक्ष में क्रमशः 2, 6, 12 आता है। इस प्रकार की संख्या में दाएँ पक्ष में केवल इकाई की संख्या प्राप्त होती है। अतः दहाई के स्थान पर शून्य अपनी तरफ से लगा देते हैं। अतः दाएँ पक्ष को क्रमशः 09 के रूप में लिख देते हैं तथा अभीष्ट गुणनफल क्रमशः 209, 609, 1209 हैं।

इसी विधि का प्रयोग हम वर्ग वाले पाठ में भी कर चुके हैं।

किसी संख्या में 25, 125 तथा 625 का गुणा—

किसी संख्या को 25, 125 या 625 से गुणा करना हो तो सरल प्रक्रिया निम्न है—

(A) (a) 62×25 (b) 98×25 (c) 639×25

अब प्रत्येक गुणन संख्या में 25 के स्थान पर 100/4 लिखते हैं। अर्थात्

(a) $62 \times \frac{100}{4}$ (b) $98 \times \frac{100}{4}$ (c) $639 \times \frac{100}{4}$ रखते हैं।

इस प्रकार 100 से गुणा करने में केवल दो शून्य दाईं ओर बढ़ाकर प्राप्त संख्या में 4 से भाग देते हैं। तथा प्राप्त संख्या ही अभीष्ट गुणनफल होगा।

(a) $62 \times \frac{100}{4} = \frac{6200}{4} = 1550$

(b) $98 \times \frac{100}{4} = \frac{9800}{4} = 2450$

(c) $639 \times \frac{100}{4} = \frac{63900}{4} = 15975$

(B) इसी प्रकार किसी संख्या को 125 से गुणा करने पर 1000 से गुणा करके 8 से भाग दे देते हैं। अर्थात् गुणा की जाने वाली संख्या में दाईं ओर तीन शून्य बैठाकर 8 से भाग कर देते हैं और प्राप्त भागफल ही उन संख्याओं का गुणनफल होता है।

(a) 62×125 (b) 98×125 (c) 639×125

$= 62 \times \frac{1000}{8}$ $= 98 \times \frac{1000}{8}$ $= 639 \times \frac{1000}{8}$

$= \frac{62000}{8}$ $= \frac{98000}{8}$ $= \frac{639000}{8}$

$= 7750$ $= 12250$ $= 79875$

(a) जब किसी संख्या को 625 से गुणा करते हैं तो 625 के स्थान पर 10, 000 से गुणा करके 16 से भाग देते हैं ।

(a) 62×625 (b) 98×625 (c) 639×625

$= 62 \times \frac{10,000}{16}$ $= 98 \times \frac{10,000}{16}$ $= 639 \times \frac{10,000}{16}$

$= \frac{6,20,000}{16}$ $= \frac{9,80,000}{16}$ $= \frac{63,90,000}{16}$

$= 38750$ $= 62500$ $= 399375$

(C) दो अंकों की संख्याओं का गुणा–

इस अध्याय में हमने गुणा करने की अनेक सरल विधियों का अध्ययन किया है । किंतु इन विधियों का प्रयोग विशिष्ट परिस्थितियों में ही संभव है । अब हम ऐसी विधि का अध्ययन करेंगे जिससे किसी भी गुण्य संख्या का किसी भी गुणक संख्या से सीधे ही एक लाइन में शीघ्रता, शुद्धता और सरलता से गुणा कर लेते हैं ।

(a) 64 × 98 = 6272 (b) 75 × 84 = 6300 (c) 65 × 32 = 2080

उदाहरण (a) में दो गुणन संख्या 64 तथा 98 हैं, इनके गुणा में निम्न प्रक्रिया अपनाते हैं ।

प्रक्रिया—

(1) इकाई के अंक 4 और 8 का गुणा करके गुणनफल 32 आया, 32 में इकाई का अंक 2 रखा तथा हासिल 3 ।

(2) अब 8 और 6 का गुणनफल 48 तथा 9 और 4 का गुणनफल 36 को जोड़ लिया गया, योग हुआ 84 । इसमें हासिल के 3 जोड़े, योग हुआ 87 । 87 का 7 दहाई के स्थान पर रखा तथा हासिल के 8 ।

(3) अब 6 और 9 का गुणा 54 हुआ, इसमें हासिल के 8 जोड़कर योग हुआ 62 । इस संख्या को बाईं ओर लिखा ।

(4) इस प्रकार 64 और 98 का गुणनफल 6272 हुआ ।

(1) उदाहरण (b) में भी उपर्युक्त प्रक्रिया को अपनाने पर इकाई का सीधा गुणा 5 × 4 = 20 की 0 इकाई पर लिखी तथा हासिल 2 ।

(2) इकाई तथा दहाई के अंकों का छेदन गुणा करके योग किया जो 68 आया (7 × 4 + 8 × 5 = 68) इसमें हासिल के दो जोड़ दिए, योग 70 हुआ । 70 की 0 दहाई के स्थान पर रखी तथा हासिल के 7 ।

(3) अब दहाई के अंकों का सीधा गुणा किया तो गुणनफल आया 7 × 8 = 56 । 56 में 7 हासिल के जोड़ने पर योग 63 आया ।

(4) अतः 75 × 84 का अभीष्ट गुणनफल 6300 हुआ ।

उदाहरण (c) में गुणन-प्रक्रिया को इसी प्रकार दुहराने पर गुणनफल 2080 आया ।

(a)
```
  64|
× 98|
---------
4 × 8 = 32
इकाई 2, हासिल 3
```

(b)
```
 6 \/ 4
× 9 /\ 8
---------
8 × 6 = 48
4 × 9 = 36
---------
       84
      + 3
---------
       87 दहाई 7 हासिल 8
```

(c)
```
  |64
× |98
---------
6 × 9 = 54
       + 8
---------
        62
अभीष्ट = 6272
```

(D) तीन अंक की संख्या में तीन अंक की संख्या से गुणा—

(a)
```
   345
 × 222
------
 76590
```

स्पष्टीकरण—

(1) इस प्रकार की संख्याओं, जैसे— 345 × 222 की गुणन-प्रक्रिया में हम पहले इकाई के अंक दो का ऊपर की संख्या के इकाई के अंक 5 से गुणा करते हैं तथा हासिल को अगले गुणनफल में जोड़ देंगे।

(2) अब इकाई के अंक दो का ऊपर की संख्या 4 से गुणा किया तथा फिर दहाई के अंक 2 और 5 का गुणा किया तथा हासिल जोड़ लिया, नई संख्या का हासिल आगे जोड़ेंगे।

(3) अब इकाई के अंक 2 का सैकड़े के अंक से गुणा किया तथा ऊपर की संख्या के इकाई अंक 5 का छेदन गुणा नीचे की संख्या के सैकड़ा अंक 2 से गुणा किया तथा योगफल किया। इस योगफल में दहाई के अंकों का गुणनफल सीधा जोड़ दिया। संपूर्ण योग में पिछला हासिल जोड़ देते हैं।

(4) अब नीचे की संख्या या गुणक संख्या के दहाई के अंक का छेदन गुणा ऊपर की संख्या या गुण्य संख्या के दहाई के अंक 4 के साथ गुणा किया, दोनों के योग में पिछला हासिल जोड़ दिया। प्राप्त योगफल में इकाई की संख्या लिखकर शेष हासिल हो गया।

(5) अब गुणक और गुण्य की सैकड़े की संख्याओं का सीधा गुणा किया तथा पिछला हासिल जोड़ दिया तथा बाईं ओर लिख दिया। यही गुणनफल हुआ।

इस पूरी प्रक्रिया को निम्न प्रकार प्रदर्शित किया जा सकता है।

(1)
```
 3 4 5 |
 2 2 2
 -----
   1 0
हासिल 1
```

(2)
```
      3 4 5
        X
      2 2 2
    -------
2 × 4 =   8
2 × 5 =  10
        ---
         18
         +1  हासिल
        ---
         19  हासिल 1
```

(3)
```
      3 4 5
        ✳
      2 2 2
    -------
2 × 3 =   6
2 × 5 =  10
2 × 4 =   8
        ---
         24
         +1  हासिल
        ---
  योग = 25
  हासिल 2
```

(4)
```
   3 4 5
    X
   2 2 2
---------
 2 × 3 = 6
 2 × 4 = 8
---------
      1 4   हासिल 1
       +2      ↓
हासिल ----
        6
```

(5)
```
 |3 4 5
 |
  2 2 2
---------
2 × 3 = 6
      + 1  हासिल
---------
        7
```

अतः अभीष्ट गुणनफल = 76590

इस प्रक्रिया को पुनः आगे भी परिवर्धित किया जा सकता है ।

(E) चार अंकों वाली संख्या में 4 अंकों की संख्या से गुणा--

```
   1234
 × 1234
-------
1522756
```

विस्तृत रूप से

```
(a)  1 2 3 4|          (b) 1 2 3 4           (c) 1 2 3 4
                              X                    X
   × 1 2 3 4|  1           1 2 3 4   2           1 2 3 4   2
   ---------               -------               -------
           6                  5                     7

(d)  1 2 3 4           (e) 1 2 3 4           (f) 1 2 3 4
       X                    X                    X
     1 2 3 4   2           1 2 3 4   1           1 2 3 4
     -------               -------               -------
        2                     2                  5

(g)    1234|
       1234|
      -----
          1
```

गुणनफल = 1522756

चार अंकों की संख्या में 3 अंकों वाली संख्या का गुणा—

```
  2 3 4 5
  × 1 2 3
---------
  288435
```

(a)
```
2 3 4 5 |
0 1 2 3 |   1
-------
      5
```

(b)
```
2 3 4 5
    X
0 1 2 3     2
-------
    3
```

(c)
```
2 3 4 5
   ✳
0 1 2 3     2
-------
    4
```

(d)
```
2 3 4 5
  ✳
0 1 2 3     1
-------
  8
```

(e)
```
2 3 4 5
 ✳
0 1 2 3     0
-------
  8
```

(f)
```
2 3 4 5
X
0 1 2 3
-------
  2
```

अर्थात् 2345 × 123 के गुणनफल में चौथी संख्या, अर्थात् हजार के स्थान पर 0 मानकर संख्या में गुण्य 2345 तथा गुणक 0123 मान लेते हैं। शेष प्रक्रिया पहले की तरह करते हैं।

(F) जब इकाई तथा दहाई की संख्याओं का योग 100 हो—

इकाई तथा दहाई की संख्याओं का योग 100 हो तथा सैकड़ा या हजार के अंक गुण्य या गुणक में एक ही हों तो निम्न प्रकार गुणनफल ज्ञात किया जा सकता है—

(1)
```
  103
× 197
-----
20291
```

(2)
```
  211
× 289
-----
60979
```

उदाहरण (1) में गुण्य तथा गुणक संख्याओं में इकाई तथा दहाई की संख्याओं का योग 100 है, तथा शेष संख्या एक ही है। अतः 03 × 97 का गुणनफल 291 को 0291 लिखा तथा सैकड़े की संख्या एक को अगली संख्या 2 से गुणा करके बाईं ओर लिखने पर प्राप्त संख्या 20291 ही अभीष्ट गुणनफल है।

उदाहरण (2) की व्याख्या भी (1) की भाँति ही है।

(G) किसी सम संख्या को 51 से गुणा करना—

(a)
```
  48
× 51
----
2448
```

(b)
```
  32
× 51
----
1632
```

(c)
```
 124
× 51
----
 124
62
----
6324
```

(d)
```
  244
 × 51
-----
  244
122
-----
12444
```

किसी भी दो अंकों की सम संख्या को 51 से गुणा करने पर गुणनफल में संख्या के बाईं ओर उसकी आधी संख्या लिख देते हैं । जैसे (a) में 48 × 51 = 2448 में 48 से पहले 48 का आधा 24 लिखा गया है । इसी प्रकार (b) में 32 से पहले 16 लिख दिया गया है । तीन अंकों की सम संख्या को 51 से गुणा करते समय संख्या के आधे के इकाई अंक को संख्या के सैकड़े के अंक के नीचे लिखते हैं । जैसा (c) में 124 का आधा 62 को $\begin{array}{r}124\\+62\end{array}$ के रूप में लिखकर गुणनफल 6324 प्राप्त किया । इसी प्रकार (d) में भी गुणनफल किया गया है ।

यदि संख्या विषम हो तो 51 से गुणा करते समय गुण्य के दहाई के अंक में 5 जोड़ते हैं और गुण्य के आधे का पूर्णांक उसके बाईं ओर लिखते हैं । यदि दहाई के अंक में 5 जोड़ने से हासिल आए तो उसे सैकड़े पर आने वाले अंक में जोड़ते हैं ।

(a) $\begin{array}{r}19\\ \times 51\\ \hline 919\\ +5\\ \hline 969\end{array}$ (b) $\begin{array}{r}77\\ \times 51\\ \hline 3877\\ +5\\ \hline 3927\end{array}$

(a) में 19 का आधा 9.5 है, जिसका पूर्णांक 9 को 19 से पहले लिखा और 5 को गुण्य की दहाई 1 में जोड़ा । (b) में 77 का 38.5 का पूर्णांक 38 को 77 से पहले लिखा तथा 5 को दहाई पर 7 में जोड़ा । जिससे हमें 12 प्राप्त हुआ । 2 को गुणनफल के दहाई पर लिखा और हासिल 1 को 8 में जोड़ दिया ।

(H) किसी दो अंकों की संख्या, जिसके अंकों का योग 10 के भीतर हो, को 11 से गुणा करना—

(a) $\begin{array}{r}63\\ \times 11\\ \hline 693\end{array}$ (b) $\begin{array}{r}72\\ \times 11\\ \hline 792\end{array}$ (c) $\begin{array}{r}51\\ \times 11\\ \hline 561\end{array}$

इसमें गुणा करने की आवश्यकता नहीं है । गुणनफल निकालने के लिए गुण्य के दोनों अंकों के जोड़ को उन्हीं दो अंकों के बीच में केवल रख देने से ही गुणनफल हो जाएगा । जैसे 63 के अंकों के बीच में 6 + 3 = 9 रख दिया । इसी प्रकार (b) और (c) में ।

और यदि दोनों अंकों का योग 10 या 10 से ज्यादा हो तो गुण्य के दहाई के अंक को उस गुण्य में जोड़कर बाईं ओर रख दो और गुण्य का इकाई का अंक दाहिनी ओर यानी गुणनफल की इकाई के स्थान पर रख देने से गुणनफल हो जाएगा; जैसे—

(a) 89 × 11 = 979 (b) 91 × 11 = 1001 (c) 78 × 11 = 858

(a) में (89 + 8) गुण्य में उसका दहाई अंक 8 जोड़कर 97 हुआ । 97 को बाईं ओर रखा तथा दाईं ओर गुण्य के इकाई का 9 रखा । इसी प्रकार (b) तथा (c) में ।

(I) कितने ही अंकों को यदि दो अंकों की संख्या से गुणा किया जाए, जिसके इकाई के स्थान में 1 हो तो गुणा एक ही पंक्ति में नीचे दिए अनुसार करना चाहिए ।

(a) 4325432 × 81 = 350359992 (b) 84232 × 61 = 5138152

(a) केवल इकाई के स्थान के अंक 1 से गुणा कर देना चाहिए; जैसे— 2 × 1 = 2 । अब 1 का काम समाप्त हो गया । अब केवल 8 से प्रत्येक अंक को गुणा करें और उसके बाएँ वाले अंक को जोड़ते जाना चाहिए । साथ में हासिल को भी जोड़ना है । जैसे 8 × 2 = 16 + 3 = 19 का 9 बाकी बचा 1, अब 8 × 3 = 24 + हाथ वाला 1 + बाईं तरफ वाला 4 जोड़कर 29 हुआ । अब 29 का 9 और हासिल बचा 2, अब 8 × 4 + हासिल 2 + 4 के बाईं ओर वाला अंक 5 मिलाकर 39 हुआ । इसी प्रकार करते जाने से गुणनफल हो जाएगा । इसी प्रकार (b) में क्रिया की गई है ।

इसी नियम से बड़ी-से-बड़ी संख्या को 11 से गुणा करना और भी सरल होता है । गुण्य के इकाई का अंक गुणनफल के इकाई पर लिखकर इकाई के अंक को दहाई में जोड़कर गुणनफल के दहाई पर लिखा । इसी प्रकार प्रत्येक अंक के बाएँ अंक को उसमें जोड़कर यदि हासिल हो तो उसे भी जोड़ते जाइए । गुणनफल प्राप्त हो जाएगा ।

अभ्यास प्रश्न

(1) 9 × 9

(2) 19 × 9

(3) 11 × 11

(4) 12 × 13

(5) 15 × 16

(6) 11 × 12

(7) 17 × 12

(8) 28 × 22

(9) 65 × 35

(10) 91 × 99

(11) 85 × 55

(12) 84 × 81

(13) 125 × 125

(14) 59 × 41

(15) 69 × 29

(16) 109 × 105

(17) 24 × 125

(18) 998 × 997

(19) 887 × 997

(20) 47 × 41

(21) 98 × 25

(22) 639 × 125

(23) 64 × 98

(24) 345 × 222

(25) 691 × 699

जोड़ना और घटाना

जोड़ना और घटाना संख्या के पश्चात् प्रारंभिक क्रियाएँ हैं, जिनका प्रयोग प्रत्येक गणितीय प्रक्रिया में करना होता है। छात्र प्रायः जोड़ने और घटाने में गलती करते हैं। निम्नलिखित सिद्धांत इस प्रक्रिया को शीघ्र त्रुटिरहित बनाने में सहायक हैं।

संख्या को सरलीकृत करके जोड़ना

39 + 53 = 92 को जोड़ते समय 9 + 3 = 12 तथा 5 + 3 = 8 + 1 = 9 की विधि से जोड़ने में समय भी अधिक लगता है तथा गलती की संभावना भी रहती है, अतः हम 53 में से 1 संख्या 39 में जोड़कर 40 बना लेते हैं तथा 53 से 1 घटाकर 52 बना लेते हैं। 40 और 52 को जोड़ना सरल है तथा त्रुटि की संभावना कम रहती है, क्योंकि 39 + 53 = (39 + 1) + (53 − 1) = 40 + 52 = 92 ।

हासिल की समस्या का निराकरण—बड़ी संख्याओं को जोड़ते समय प्रायः संख्याओं के जोड़ तथा हासिल को दिमाग में रखने से त्रुटि की संभावना रहती है। इसका निराकरण निम्न प्रकार किया जा सकता है—

उदाहरण—

$$\begin{array}{r} 2345 \\ 6934 \\ 5297 \\ 4679 \\ \hline 7035 \\ 1222 \\ \hline 19255 \end{array}$$

संख्या 2345, 6934, 5297, 4679 को जोड़ते समय पहले इकाई अंक 5 + 4 + 7 + 9 को जोड़ें। जोड़ते समय हम उँगलियों के पोरुओं का प्रयोग करते हैं। यह प्राथमिक कक्षा के बच्चों के लिए है। अतः इसे त्याग देना चाहिए। या

इस प्रकार बोलते हुए जोड़ते हैं— 5 और 4 नौ, 9 और 7 सोलह, 16 और 9 पच्चीस । इसे जोड़ते समय मात्र इतना बोलना चाहिए— 5, 9, 16, 25 । साथ ही जोड़ने का क्रम सुविधानुसार होना चाहिए; यथा— 5 + 4 + 7 + 9 । योग हुआ 25 । इस योग की इकाई संख्या को इकाई अंक पर लिखें तथा दहाई नीचे की पंक्ति में एक स्थान आगे । इसी प्रकार 4 + 3 + 9 + 7 = 23 का 3 इकाई संख्याओं के योग 25 के 2 के ऊपर तथा दहाई का अंक 2 नीचे एक स्थान बाईं ओर । इसी प्रक्रिया को दोहराते हुए अंत में दोनों पंक्तियों का योग ही अभीष्ट त्रुटिरहित योग होगा ।

उदाहरण—

```
 2345
 6934
 5297
 4679
-----
19255
```

संख्याओं के योग में जहाँ भी दहाई की गिनती पूरी हो वहाँ—चिह्न लगाएँ तथा शेष संख्या आगे जोड़ें । फिर दहाई पूरी होने पर चिह्न लगाएँ । इसी प्रक्रिया को दोहराते हुए योग की प्रक्रिया पूरी करें । गलती की संभावना बहुत कम हो जाती है ।

जोड़ने की प्रक्रिया में गति बढ़ाने के लिए दो-दो संख्याएँ अर्थात् इकाई तथा दहाई की संख्या एक साथ तथा सैकड़े और हजार के अंक एक साथ जोड़ने का अभ्यास करें; जैसे—

```
 2345
 6934
 5297
 4679
-----
19255
```

में जोड़ते समय 45 तथा 34 एक साथ जोड़ें । योग हुआ 79 । अब इसमें 97 जोड़ें । योग हुआ 176 । सैकड़े के स्थान पर (–) चिह्न लगा दें जिससे गलती की संभावना कम हो जाए । अब 79 जोड़ने के लिए 79 में से 24, 176 में जोड़कर 200 बनाएँ तथा शेष 55 जोड़कर योग 255 का 55 लिखें तथा सैकड़े का 2 हासिल 23 + 69 + 52 + 46 के योग 190 में जोड़कर 192 लिखें । अभीष्ट संख्या 19255 ही इन संख्याओं का योग होगा । इसे हम एक पंक्ति में इस प्रकार भी जोड़ सकते हैं— 2345 + 6000 + 900 + 30 + 4 + 5000 + 200 + 90 + 7 + 4000 + 600 + 70 + 9 = 19255

घटाना

घटाने की प्रक्रिया में दो संख्याओं का अंतर ज्ञात करना होता है। प्रायः बड़ी संख्या से छोटी संख्या घटाई जाती है।

उदाहरण—

$$\begin{array}{r} 6745 \\ -\ 3295 \\ \hline 3450 \end{array}$$

उक्त उदाहरण में 6745 में से संख्या 3295 घटाई गई है। घटाई जाने वाली संख्या से पहले '–' ऋण चिह्न का प्रयोग करते हैं।

घटाने की प्रक्रिया को तीव्रता से त्रुटिरहित संपादित करने के लिए हमें घटाई जाने वाली संख्या में उतनी राशि जोड़ने का अभ्यास करना चाहिए, जिससे कि मूल राशि प्राप्त हो सके। उपर्युक्त उदाहरण में 6745 से 3295 घटाते समय हम 3295 में वह राशि लिखते हैं जिसे जोड़ने पर 3295, 6745 हो जाए।

घटाने की क्रिया को हम पूरक (complement) विधि से भी कर सकते हैं; जैसे—

8567 – 3898

$$\begin{array}{r} 9999 - 3898 = 6101 \\ 8567 \\ +\ 6101 \\ \hline (1)\ 4668 \\ (1) \\ \hline 4669 \end{array}$$

क्रिया—

सर्वप्रथम 3898 को 9999 बनाने की पूरक संख्या 6101, तत्पश्चात् 8567 के नीचे 6101 लिखकर योग 14668 प्राप्त हुआ।

फिर उत्तर का प्रथम अंक 1 को हटाकर इकाई के अंक 8 में जोड़कर 4669 प्राप्त किया।

$\therefore$ 8567 – 3898 = 4669

[8567 + (9999 – 3898) – 10000 + 1 = 8567 – 3898]

वास्तव में हमें पूरक संख्या अलग से निकालने की आवश्यकता नहीं है, यह कार्य मौखिक किया जाता है। इस प्रकार हम एक पंक्ति में जोड़ तथा घटाने की

क्रिया एक साथ कर सकते हैं ।

$$5496 + 3807^{+7108} - 2891 = \underset{1}{1}6411 = 6412$$

इसी विधि का प्रयोग सामान्यतः विद्यार्थियों को करना चाहिए ।

अभ्यास प्रश्न

(1) सरलीकृत विधि से इकाई तथा दहाई की संख्या एक साथ जोड़िए—

(1)	(2)	(3)	(4)
39	87	49	37
+ 53	+ 13	+ 62	+ 62

(5)	(6)	(7)	(8)
79	92	64	67
+ 83	+ 83	+ 36	+ 76

(9)	(10)
84	96
+ 53	+ 95

(2) हासिल बाईं ओर नीचे की पंक्ति में रखकर जोड़िए—

(1)	(2)	(3)	(4)
2346	2785	1598	1452
6496	5192	9216	5216
+ 9215	+ 6213	+ 6314	+ 6316

(3) इकाई, दहाई, सैकड़ा तथा हजार की राशियों को एक साथ जोड़िए—

(1)	(2)	(3)	(4)
5923	8276	9357	8132
6415	7286	7359	6145
7293	6782	5793	7936
+ 5169	+ 8672	+ 3975	+ 6397

(4) जोड़ विधि से घटाइए—

(1) $\begin{array}{r} 93 \\ -\ 67 \\ \hline \\ \hline \end{array}$ (2) $\begin{array}{r} 84 \\ -\ 21 \\ \hline \\ \hline \end{array}$ (3) $\begin{array}{r} 42 \\ -\ 14 \\ \hline \\ \hline \end{array}$ (4) $\begin{array}{r} 95 \\ -\ 38 \\ \hline \\ \hline \end{array}$ (5) $\begin{array}{r} 98 \\ -\ 32 \\ \hline \\ \hline \end{array}$

(5) (1) $\begin{array}{r} 5932 \\ -\ 2630 \\ \hline \\ \hline \end{array}$ (2) $\begin{array}{r} 2414 \\ -\ 1428 \\ \hline \\ \hline \end{array}$ (3) $\begin{array}{r} 6312 \\ -\ 4256 \\ \hline \\ \hline \end{array}$ (4) $\begin{array}{r} 5312 \\ -\ 2120 \\ \hline \\ \hline \end{array}$

विभिन्न परीक्षाओं के प्रश्न

1. 2614 − 999 = ?

   (a) 2615 (b) 2412 (c) 1615 (d) 1725

   (e) इनमें से कोई नहीं ।

2. 5076 − 4393 = ?

   (a) 683 (b) 783 (c) 847 (d) 945

   (e) इनमें से कोई नहीं ।

3. 3216 + 4271 − 3174 = ?

   (a) 4413 (b) 4412 (c) 4410 (d) 3400

   (e) इनमें से कोई नहीं ।

. 4817 − 3106 + 127 = ?

   (a) 1838 (b) 1938 (c) 1848 (d) 1854

   (e) इनमें से कोई नहीं ।

5. 157 + 841 = ?

   (a) 998 (b) 888 (c) 898 (d) 798

   (e) इनमें से कोई नहीं ।

6. 3748 + 582 + 62 = ?
(a) 5392 (b) 4392 (c) 6241 (d) 5962
(e) इनमें से कोई नहीं ।

7. 2615 − 999 = ?
(a) 1516 (b) 1606 (c) 1616 (d) 1506
(e) इनमें से कोई नहीं ।

8. 8523 + 2461 − 7100 = ?
(a) 3684 (b) 3748 (c) 3838 (d) 5748
(e) इनमें से कोई नहीं ।

9. 288 + 143 = ?
(a) 431 (b) 631 (c) 531 (d) 502
(e) इनमें से कोई नहीं ।

10. 6721 − 2872 = ?
(a) 4043 (b) 3849 (c) 4256 (d) 5451
(e) इनमें से कोई नहीं ।

11. 3748 + 582 + 60 = ?
(a) 5392 (b) 4390 (c) 5402 (d) 4018
(e) इनमें से कोई नहीं ।

12. 5107 − 3849 = ?
(a) 1258 (b) 1359 (c) 1158 (d) 1450
(e) इनमें से कोई नहीं ।

भिन्न

किसी इकाई के अंश को भिन्न कहते हैं; जैसे $\frac{1}{8}$ । $\frac{1}{8}$ में 1 को 8 बराबर भागों में बाँटा गया है । इस प्रकार की भिन्न में 1 या ऊपर वाली संख्या अंश या न्यूमनेटर कहलाती है तथा इकाई को कितने भागों में बाँटा गया है—यह प्रदर्शित करने वाली संख्या या नीचे वाली संख्या हर या डीनोमीनेटर कहलाती है ।

इसे प्रायः $\frac{1}{8}$ या 1/8 या 1 बटा 8 या आठ का 1 अंश लिखते हैं । इसमें 1 अंश है तथा 8 हर ।

सरल भिन्न—जब हर (अर्थात् नीचे वाली संख्या) अंश से बड़ा होता है तो ऐसी भिन्न वास्तविक भिन्न कहलाती है, जैसे $\frac{5}{18}, \frac{6}{11}$ आदि ।

विषम भिन्न—जब अंश हर से बड़ा होता है तो ऐसी भिन्न विषम भिन्न कहलाती है; जैसे—

$$\frac{15}{6} \quad \frac{\text{अंश बड़ा}}{\text{हर छोटा}}, \quad \frac{17}{5}$$

संयुक्त भिन्न—जब किसी भिन्न में पूर्णांक संख्या तथा भिन्न संख्या दोनों ही होते हैं तो वह संयुक्त भिन्न कहलाती है; जैसे $5\frac{3}{5}$, $4\frac{2}{17}$ आदि ।

संयुक्त भिन्न को भिन्न में बदलने के लिए हर तथा पूर्णांक संख्या का गुणा करते हैं तथा इस गुणनफल में अंश जोड़ देते हैं । इस प्रकार प्राप्त योग ही अंश कहलाता है तथा प्राप्त भिन्न विषम भिन्न; जैसे—

$$2\frac{3}{5} = \frac{5 \times 2 + 3}{5} = \frac{10 + 3}{5} = \frac{13}{5}$$

भिन्न का प्रसारण—जब किसी भिन्न के अंश तथा हर को एक ही संख्या से गुणा करते हैं तो भिन्न का मान नहीं बदलता; जैसे—

$$\frac{3}{4} = \frac{3 \times 3}{4 \times 3} = \frac{9}{12} \text{ तथा } \frac{2}{3} = \frac{2 \times 4}{3 \times 4} = \frac{8}{12}$$

भिन्न के इस रूपांतरण को भिन्न का प्रसारण कहते हैं।

भिन्न का सरलीकरण या लघुकरण—किसी भिन्न में अंश तथा हर को एक ही संख्या से भाग देने पर भिन्न का मान नहीं बदलता है तथा यह प्रक्रिया भिन्न का सरलीकरण कहलाती है; जैसे—

$$\frac{30}{40} = \frac{30 \div 10}{40 \div 10} = \frac{3}{4}$$

किसी भिन्न का सरलीकरण या लघुकरण तभी किया जा सकता है जबकि अंश तथा हर एक ही संख्या से विभाजित हो सकते हों।

भिन्नों की तुलना—

(1) समान अंश वाली भिन्नों में वह भिन्न बड़ी होती है जिसका हर छोटा होता है; जैसे $\frac{1}{3}$, $\frac{1}{4}$ तथा $\frac{1}{5}$ में $\frac{1}{3}$ सबसे बड़ी भिन्न है तथा $\frac{1}{4}$ उससे छोटी—

$$\frac{1}{3} > \frac{1}{4} > \frac{1}{5}$$

(2) समान हर वाली भिन्नों में वह भिन्न बड़ी होती है जिसका अंश बड़ा होता है; जैसे $\frac{5}{8}$ तथा $\frac{7}{8}$ में भिन्न $\frac{7}{8}$ बड़ी है तथा $\frac{5}{8}$ छोटी

भिन्नों को जोड़ना और घटाना—

(1) जब भिन्नों के हर समान हों तो उन्हें जोड़ने के लिए अंश को जोड़ देते हैं। प्राप्त योगफ़ल ही भिन्नों का जोड़ कहलाता है; जैसे $\frac{5}{7} + \frac{2}{7} + \frac{3}{7}$

में हर बराबर होने के कारण $\frac{5+2+3}{7}$ (अंश संख्या का योग) = $\frac{10}{7}$ ही प्रदत्त भिन्नों का योग है ।

(2) जब भिन्नों के हर समान हों तो उन्हें घटाने के लिए बड़े अंश वाली भिन्न से छोटे अंश वाली भिन्न घटा देते हैं । प्राप्त अंतर ही अभीष्ट संख्या है; जैसे—

$$\frac{5}{7} - \frac{3}{7} = \frac{2}{7}$$

(3) जब हर असमान हों तो जोड़ने अथवा घटाने की प्रक्रिया से पूर्व हम भिन्नों के हर बराबर कर लेते हैं । हरों को बराबर करने के लिए प्रायः ल.स.अ. विधि का प्रयोग करते हैं; जैसे—

$$\frac{2}{3} + \frac{3}{5} = \frac{2 \times 5 + 3 \times 3}{15} = \frac{10+9}{15} = \frac{19}{15}$$

(4) संयुक्त भिन्नों को जोड़ने के लिए पूर्णांक संख्या को अलग जोड़ते हैं तथा भिन्न संख्याओं को अलग । प्राप्त संख्या ही अभीष्ट योग अथवा अंतर होता है; जैसे—

(a) $4\frac{3}{5} + 3\frac{1}{5} = 7\frac{4}{5}$

(b) $4\frac{3}{5} - 3\frac{1}{5} = 1\frac{2}{5}$

भिन्नों का गुणा—किसी संख्या में भिन्न से गुणा करने का अर्थ है इस संख्या को भिन्न के हर से विभाजित करना और फल को अंश से गुणा करना; जैसे—

$$600 \times \frac{2}{3} = \frac{600}{3} \times 2 = 200 \times 2 = 400$$

भिन्न में भिन्न से गुणा—भिन्न में भिन्न से गुणा करने के लिए अंश संख्या में अंश संख्या से गुणा करते हैं तथा हर संख्या में हर से । इस प्रकार प्राप्त संख्या में अंश संख्या अंशों का गुणनफल होती है तथा हर संख्या हरों का; जैसे—

$$\frac{3}{4} \times \frac{2}{5} = \frac{6}{20} = \frac{3}{10}$$

यदि किसी संयुक्त भिन्न का सरल भिन्न से गुणा किया जाता है तो हम गुणन से पहले संयुक्त भिन्न को विषम भिन्न में बदल लेते हैं; जैसे—

$$3\frac{3}{5} \times \frac{3}{4} = \frac{18}{5} \times \frac{3}{4} = \frac{54}{20} = \frac{27}{10}$$

भिन्नों में पूर्ण संख्या को किसी भिन्न से गुणा करने पर पूर्ण संख्या का हर 1 मान लेते हैं; जैसे—

$$5 \times \frac{2}{7} = \frac{5}{1} \times \frac{2}{7} = \frac{10}{7}$$

विशिष्ट गुणन नियम—जब किन्हीं भिन्नों में पूर्णांक संख्या समान हो तथा भिन्न संख्याओं का योग 1 हो, तो भिन्नों का सीधा गुणा करते हैं तथा पूर्णांक संख्या को अगली संख्या से गुणा करने पर प्राप्त गुणनफल ही अभीष्ट उत्तर होता है, जैसे—

$$4\frac{3}{4} \times 4\frac{1}{4} = 5 \times 4 \times \frac{3}{4} \times \frac{1}{4} = 20\frac{3}{16}$$

भिन्न में भिन्न का भाग—भिन्न में भिन्न से भाग देते समय भाजक भिन्न को उलटा करके गुणा करते हैं; जैसे—

$$\frac{14}{5} \div \frac{7}{5} = \frac{14}{5} \times \frac{5}{7} = 2$$

प्रतिशत

प्रतिशत का अर्थ है शतांश या 100 का कितना भाग । प्रतिशत को प्रतीक % से लिखते हैं ।

10% का अर्थ है 100 का 10वाँ भाग तथा 2% का अर्थ है 100 का 2वाँ भाग या 100 में 2 हिस्से ।

शीघ्रता से प्रतिशत ज्ञात करने के लिए हम प्रायः ऐसी राशियों का चयन करते हैं जिनका मान ज्ञात करना आसान हो; जैसे—

10%	किसी भी राशि को 10 से भाग देकर प्राप्त किया जा सकता है ।
20%	किसी राशि को 10 से भाग देकर भागफल को 2 से गुणा कर दिया अथवा पूर्ण संख्या 5 से भाग दे दिया ।
25%	राशि को 4 से भाग देकर मान प्राप्त किया ।
50%	राशि को 2 से भाग देकर मान प्राप्त किया जा सकता है ।
$12\frac{1}{2}\%$	राशि को 8 से भाग देकर अथवा 10 प्रतिशत ज्ञात करके प्राप्त मान को पुनः 4 से भाग देकर, उसमें जोड़कर ।
5%	पहले 10 प्रतिशत का मान प्राप्त किया तथा इसका आधा 5% होगा । या 20 से भाग देकर ।
15%	10% + 5% ।
75%	राशि का $\frac{3}{4}$ हिस्सा या पहले 50% तथा फिर 50% का आधा होगा ।

$37\frac{1}{2}\% = 25\% + 12\frac{1}{2}\%$ (25% राशि का आधा) ।

इसी प्रकार अन्य प्रतिशत निकालने के लिए अनेक संयोजन किए जा सकते हैं ।

दशमलव

दशमलव संख्याएँ एक प्रकार की भिन्न हैं जिनमें हर सदैव दस, अथवा सौ अथवा हजार हो सकता है; जैसे—

$$\frac{1}{10} = .1, \frac{1}{100} = .01, \frac{1}{1000} = .001$$

दशमलव संख्याओं में हर नहीं लिखते अपितु दशमलव अंक से ही हर स्पष्ट हो जाता है, जैसे .3, .03, .0003 का अर्थ क्रमशः $\frac{3}{10}, \frac{3}{100}, \frac{3}{10000}$ है जिनमें हर क्रमशः 10, 100, 10,000 हैं ।

दशमलव संख्याओं को लिखते समय पहले पूर्णांक संख्या लिखते हैं, तत्पश्चात् स्थान के अनुरूप दशमलव अंक ।

दशमलव संख्याओं की विशेषता—

(1) यदि दशमलव संख्या में पूर्णांक न हो तो दशमलव बिंदु से पूर्व 0 लिखते हैं ।

(2) दशमलव संख्याओं में दशमलव अंकों के दाईं ओर शून्य लिखने पर उनका मान अपरिवर्तित रहता है; जैसे—

$$4.5 = 4.50 = 4.5000$$

(3) दशमलव संख्याओं के दाईं ओर से शून्य हटा देने पर उनका मान अपरिवर्तित रहता है; जैसे—

$$6.0300 = 6.03$$

(4) दशमलव बिंदु को एक, दो या अधिक स्थान दाहिनी ओर खिसकाने पर दशमलव भिन्न का मान 10, 100, 1000 आदि गुना अधिक हो जाता है; जैसे—11.5695 में—

(a) 115.695 (दशमलव स्थान 1 दाहिने हटाने पर मान 10 गुना अधिक) ।

(b) 1156.95 (2 स्थान दाहिने हटाने पर 100 गुना अधिक) ।

(5) दशमलव बिंदु को एक, दो या तीन स्थान बाईं ओर खिसकाने पर दशमलव भिन्न का मान 10, 100 या 1000 गुना कम हो जाता है; जैसे—

56.58

(a) 5.658 (बाईं ओर 1 अंक खिसकाने पर 10 गुना कम) ।

(b) .5658 (बाईं ओर 2 अंक खिसकाने पर 100 गुना कम) ।

दशमलव संख्याओं का जोड़, घटाना और गुणा—

दशमलव संख्याओं में जोड़ने और घटाने की प्रक्रिया पूर्ण संख्याओं की तरह ही होती है । अंतर केवल इतना है कि दशमलव संख्याओं को उनके स्थानीय मान के अनुसार रखना चाहिए; जैसे—

3.06, 9.002, 10.34, 5.6452 को जोड़ते समय इस प्रकार लिखना चाहिए—

```
  3.06
+ 9.002
 10.34
  5.6452
---------
 28.0472
```

दशमलव संख्याओं का गुणा—साधारण गुणा की तरह ही करते हैं । इस प्रक्रिया में दशमलव बिंदुओं पर ध्यान नहीं देते हैं । गुणनफल में जितने दशमलव अंक गुण्य तथा गुणक अर्थात् गुणा की जाने वाली संख्याओं में होते हैं, दशमलव अंक गिनकर लगा देते हैं; जैसे—

उदाहरण—

```
(1)   .4      (2)   .12      (3)  3.2
    × .6          × . 3          × .9
    ----          -----          ----
     .24           .036          2.88
```

(1) उदाहरण (1) में 4 × 6 = 24 हुआ । क्योंकि गुण्य तथा गुणक संख्याओं में कुल दो दशमलव अंक हैं, अतः गुणनफल में दो अंकों के पश्चात् अर्थात् दाएँ से बाईं ओर दो अंक गिनकर दशमलव चिह्न लगाया ।

(2) उदाहरण (2) में गुण्य तथा गुणक में तीन दशमलव अंक हैं परंतु गुणनफल में दो ही अंक हैं, अतः गुणनफल में दशमलव चिह्न

लगाने से पूर्व संख्या 36 के बाईं ओर शून्य लगाकर तीन अंक बना लिये । फिर दशमलव अंक लगाते हैं, अतः अभीष्ट गुणनफल हुआ .036 ।

(3) उदाहरण (3) में $3.2 \times .9$ की गुणन क्रिया में दो दशमलव अंकों के कारण दाईं ओर से बाईं ओर दो अंकों के पश्चात् दशमलव लगाकर 2.88 उत्तर प्राप्त किया ।

दशमलव संख्याओं में पूर्णांक संख्या से भाग—

यदि भाज्य (संख्या जिसमें भाग देना है) भाजक (संख्या जिससे भाग देना है) से कम है तो भागफल में पूर्णांक के स्थान पर शून्य रखते हैं और उसके बाद दशमलव बिंदु रखते हैं । इसके बाद सामान्य विधि से भाग की क्रिया संपादित करते हैं ।

दशमलव संख्या में दशमलव संख्या से भाग देते समय भाजक का दशमलव बिंदु हटा देते हैं, भाज्य में दशमलव बिंदु दाईं ओर इतने दशमलव स्थान तक खिसकाते हैं, जितने दशमलव स्थान भाजक में थे ।

$$\frac{.9801}{.99} = \frac{98.01}{99}$$

$$\begin{array}{r|l} & 0.99 \\ \hline 99 & 98.01 \\ & 891 \\ \hline & 891 \\ & 891 \\ \hline & 0 \end{array}$$

उत्तर = .99

दशमलव संख्या को भिन्न रूप में लिखना—

दशमलव संख्या को सरल भिन्न के रूप में लिखने के लिए दशमलव बिंदु हटा देते हैं, इस प्रकार प्राप्त संख्या को अंश मानते हैं तथा हर लिखने के लिए दशमलव संख्या में दशमलव अंक गिनकर 1 के आगे उतने ही शून्य लिख देते है; जैसे—

$$.125 = \frac{125}{1000}$$

(1) .125 में दशमलव हटाकर 125 अंश संख्या प्राप्त की ।

(2) हर संख्या लिखने के लिए 1 के आगे दशमलव संख्या में 3 अंक होने के कारण 3 शून्य लगा देते हैं ।

शून्य की गणन प्रक्रिया–

शून्य गणितीय अंकों में महत्त्वपूर्ण खोज है । इसके साथ गणन करते समय निम्न बिंदु महत्त्वपूर्ण हैं–

जोड़–किसी भी संख्या में शून्य जोड़ने से संख्या का मान नहीं बदलता; जैसे–

$$5 + 0 = 5, \quad 5\frac{6}{11} + 0 = 5\frac{6}{11}$$

घटा–किसी भी संख्या में से शून्य घटाने पर संख्या का मान अपरिवर्तित रहता है; जैसे–

$$5 - 0 = 5, \quad 5\frac{6}{11} - 0 = 5\frac{6}{11}$$

गुणा–किसी भी संख्या में शून्य से गुणा करने पर गुणनफल शून्य होता है; जैसे–

$$5 \times 0 = 0, \quad 5\frac{6}{11} \times 0 = 0$$

भाग–किसी भी संख्या में शून्य का भाग नहीं दिया जा सकता ।

भाग की सरल-विधियाँ तथा विभाज्यता नियम

अंकगणितीय प्रक्रियाओं तथा विज्ञान, वाणिज्य, कला एवं सांख्यिकी के सवालों को हल करने में हमें अनेक बार भाग की क्रिया करनी पड़ती है।

भाग देने की प्रक्रिया में हम जिस संख्या में भाग देते हैं उसे भाज्य कहते हैं। भाज्य में जिस संख्या से भाग दिया जाता है उसे भाजक कहते हैं। भाजक का भाज्य में भाग देने पर प्राप्त परिणाम भागफल तथा बची हुई राशि शेष कहलाती है।

जैसे—

$$\begin{array}{r} 6\,)\,55\,(\,9 \\ \underline{54} \\ 1 \end{array}$$

में 6 भाजक है, 55 भाज्य तथा 9 भागफल है। शेष बची हुई राशि 1 है। गणितीय प्रक्रिया में इसे भिन्न रूप में भी रखते हैं। जैसे $\frac{55}{6}$ या $9\frac{1}{6}$ आदि।

जब कोई भाज्य भाजक से पूरा-पूरा कट जाता है, अर्थात् शेष शून्य बचता है तो हम कहते हैं कि संख्या पूर्णतः विभाज्य है। जैसे $\frac{48}{6}$ में 48 भाज्य है तथा 6 भाजक। इसका भागफल 8 होगा तथा शेष शून्य। अतः 48 (भाज्य संख्या) भाजक संख्या 6 से पूर्णतः विभाज्य है या कट जाती है।

जब भाज्य संख्या तथा भाजक संख्या छोटी राशि हो (दो या तीन अंकों की) तो भाग की सामान्य विधि सरल होती है। परंतु बड़ी राशियों में भाग की प्रक्रिया अपनाने से पहले उनकी विभाज्यता की जाँच से बहुत सहायता मिलती है। भागफल शीघ्रता से प्राप्त हो जाता है। इस प्रकार शीघ्रता से भागफल प्राप्त होने से छात्रों की गणना प्रक्रिया में रुचि बढ़ जाती है तथा प्रत्येक विषय में अच्छे अंक प्राप्त होते हैं।

विभाज्यता के नियम—

विभाज्यता का अर्थ है किसी संख्या (भाज्य) का भाजक से पूरा-पूरा कट जाना । निम्नलिखित नियम बड़ी संख्याओं के विभाजन में सहायक होते हैं ।

(1) 2 से विभाजन—कोई भी संख्या जिसका इकाई का अंक 0, 2, 4, 6, 8, (अर्थात् इकाई का अंक दो से विभाज्य होने वाला) हो तो वह संख्या दो से पूरी-पूरी विभाजित हो जाएगी; जैसे—812, 2546, 2300114 आदि ।

(2) 3 से विभाजन—यदि किसी संख्या के अंकों का योग 3 से विभाजित हो तो वह संख्या 3 से विभाजित हो जाएगी; जैसे—24126 ।

24126 संख्याओं के अंकों का जोड़ = 2 + 4 + 1 + 2 + 6 = 15 है जो 3 से विभाज्य है, अतः नियम के अनुसार ये संख्या 3 से विभाजित हो जाएगी । इसी प्रकार—111, 135, 2127, 200226 आदि सभी संख्याओं का योग 3 से विभाजित हो जाता है । अतः ये सभी संख्याएँ 3 से विभाजित हो जाएँगी ।

(3) 4 से विभाजन—यदि किसी संख्या में इकाई और दहाई के अंकों से बनी हुई संख्या 4 से विभाजित हो जाए या इकाई और दहाई के स्थानों पर शून्य हो तो वह संख्या 4 से विभाजित हो जाएगी ।

उदाहरणार्थ 25932 में इकाई और दहाई के अंकों से बनी संख्या 32 है जो चार से विभाजित हो जाती है । अतः पूरी संख्या 4 से विभाजित हो जाएगी—

$$\frac{25932}{4} = 6483$$

84348, 8036 आदि संख्याएँ भी 4 से विभाजित हो जाएँगी; परंतु 3922 चार से विभाजित नहीं होगी क्योंकि इकाई और दहाई से बनी संख्या 22, 4 से विभाजित नहीं होती है । संख्या 5400 भी 4 से पूरी विभाजित हो जाएगी क्योंकि उपर्युक्त नियम के अनुसार यदि इकाई और दहाई के स्थान पर शून्य हो तो वह संख्या 4 से विभाजित हो जाती है ।

$$\frac{5400}{4} = 1350$$

विशेष—इकाई दहाई पर 00, 08, 12, 16, 20, 24, 28, 36, 40, 44, 48, 52, 56, 60, 64, 68, 72, 76, 80, 84, 88, 92, 96 होने पर कितने ही अंकों की संख्या 4 से विभाजित हो जाएगी ।

(4) 5 से विभाजन—यदि किसी संख्या का इकाई का अंक 5 या शून्य हो तो वह संख्या 5 से विभाजित हो जाएगी; जैसे—47935 संख्या में इकाई का अंक 5 है, अतः यह संख्या 5 से विभाजित हो जाएगी—

$$\frac{47935}{5} = 9587$$

संख्या 53950 भी 5 से पूर्णतः विभाजित हो जाएगी क्योंकि उपर्युक्त नियम के अनुसार इकाई के स्थान पर शून्य है ।

$$\frac{53950}{5} = 10790$$

इसी प्रकार 123575, 100050 आदि संख्याएँ भी 5 से विभाजित हो जाएँगी ।

(5) 6 से विभाजन—यदि कोई संख्या 2 और 3 से अलग-अलग विभाजित हो जाती है तो वह संख्या 6 से भी विभाजित हो जाएगी; जैसे—25134 संख्या में इकाई का अंक 4 होने के कारण अर्थात् 2 का गुणक है, इसी कारण संख्या 2 से विभाजित हो जाएगी ।

इसी संख्या के अंकों का योग = 2 + 5 + 1 + 3 + 4 = 15 होने के कारण 3 से विभाजित हो जाएगी—

$$\frac{25134}{2} = 12567$$

$$\frac{25134}{3} = 8378$$

अतः $\frac{25134}{6} = 4189$

(6) 7 से विभाजन—(1) यदि कोई संख्या 3 या 4 अंकों की बनी हो तो दी गई संख्या के अंतिम दो अंकों (दहाई और इकाई) से बनी संख्याओं में शेष बचे हुए अंकों से बनी हुई संख्या का दुगुना जोड़ दें । अब जो संख्या प्राप्त हो उसमें 7 का भाग दें । यदि भाग पूरा-पूरा चला जाता है तो दी गई संख्या भी 7 से पूर्णतः विभाजित होगी ।

पहला उदाहरण—147

इसके अंतिम दो अंकों से बनी संख्या = 47

इसमें बची हुई संख्या का दुगुना (1 × 2) जोड़ने पर 47 + 2 = 49

चूँकि 49 प्राप्त संख्या 7 से विभाजित हो जाती है तो 147 भी 7 से पूर्णतया विभाजित हो जाएगी—

$$\frac{147}{7} = 21$$

दूसरा उदाहरण— 2884 ÷ 7

$$\begin{array}{r} 84 \\ 28 \times 2 = +56 \\ \hline 140 \\ \hline \end{array}$$

140 में 7 का पूरा भाग चला जाता है । अतः 2884 संख्या भी 7 से पूर्णतया विभाजित हो जाएगी । यदि इसी क्रिया को करने के पश्चात् प्राप्त संख्या 3 या 4 अंकों की प्राप्त हो, जिसे शीघ्र 7 से विभाजित करने में समय लगे तो प्राप्त संख्या में इसी क्रिया को दोहराना चाहिए ।

यथा— 4284

42 × 2 = 84 + 84 = 168

168, 7 से विभाज्य होती है या नहीं, इसमें कुछ समय लगेगा । अतः 1 का दुगुना 68 में जोड़ा, जिससे 70 संख्या प्राप्त हुई, जो 7 से विभाज्य है ।

$$1 \times 2 = 2 + 68 = 70$$

इसी प्रकार 1484 को लें—

$$\begin{array}{lr} & 84 \\ 14 \times 2 = 28 & +28 \\ \hline & 112 \\ & 12 \\ 1 \times 2 = 2 & +2 \\ \hline & 14 \end{array}$$

संख्या 14 भी 7 से पूर्णतया विभाज्य है, अतः 1484 संख्या भी 7 से पूर्णतया विभाजित हो जाएगी ।

(2) यदि संख्या अनेक अंकों की बनी हो तो संख्या को तीन-तीन अंकों में बाएँ अर्थात् सैकड़ा, दहाई तथा इकाई के अंकों की बनी संख्या में से लाख, दस हजार, हजार के स्थानों के अंकों से बनी संख्या को घटाओ । इसके आगे के तीन अंकों की संख्या को जोड़ो । यह घटाने और जोड़ने का क्रम इसी प्रकार चलेगा । यदि अब प्राप्त संख्या शून्य हो या 7 से विभाजित हो जाती है तो पूरी संख्या भी 7 से विभाजित हो जाएगी; जैसे—

43752786 इस संख्या को तीन-तीन अंकों के खंडों में अलग-अलग किया—

$$43 \mid 752 \mid 786 = 786 - 752 + 43 = 77$$

77 संख्या 7 से विभाजित हो जाती है । अतः पूरी संख्या 43752786 भी 7 से विभाजित हो जाएगी । यदि शेष शून्य बचता है तो संख्या 7, 11, 13 तीनों से विभक्त हो जाएगी । यदि शेषफल 7 से विभाजित होता है तो 7 से, 11 से विभक्त होने पर 11 से, और 13 से विभाजित होने पर 13 से विभाजित हो जाएगी । यदि संख्या अंत में तीन अंकों से अधिक की आती है तो इसी क्रिया को फिर दुहराएँगे या पहले नियम 6 (1) का प्रयोग करेंगे ।

उदाहरण—(1) 9 | 100

= 100 − 9 = 91 यह संख्या 7 से विभाज्य है, अतः पूरी संख्या 7 से कट जाएगी—

$$\frac{9100}{7} = 1300$$

(2) 12/110

= 110 − 12 = 98 यह संख्या भी 7 से विभाज्य है

(3) 114/121

= 121 − 114 = 7 यह संख्या भी 7 से विभाज्य है ।

अन्य उदाहरण— 397/397

$$\begin{array}{r} 397 \\ -397 \\ \hline 000 \end{array}$$

अतः संख्या 397397, 7 से पूर्णतया विभाजित हो जाएगी ।

इसी उदाहरण को आगे बढ़ाने पर—

140 | 397 | 397

= 397 − 397 + 140 = 140 जो कि 7 से विभाजित हो जाती है । अतः 140, 397 तथा 397 भी 7 से विभाज्य है ।

(7) 8 से विभाजन—किसी संख्या के दाईं ओर के पहले तीन अंकों से बनी संख्या अर्थात् इकाई, दहाई तथा सैकड़ा के अंकों की संख्या 8 से पूरी विभाजित हो जाए अथवा इकाई, दहाई तथा सैकड़ा के स्थानों पर शून्य हो तो संपूर्ण संख्या 8 से विभाजित हो जाएगी ।

उदाहरण के लिए 395256 में बाईं ओर के पहले तीन अंक 256 हैं, जो क्रमशः सैकड़ा, दहाई तथा इकाई के स्थान पर रखे हैं । इससे बनी संख्या 256 आठ से पूर्णतया विभाजित हो जाएगी ।

$$\frac{256}{8} = 32$$

अतः संपूर्ण संख्या 395256 भी 8 से पूरी विभाजित हो जाएगी । इसी प्रकार 7565000 भी 8 से पूरी-पूरी विभाजित हो जाएगी, क्योंकि उपर्युक्त नियम के अनुसार अंतिम तीन अंकों के स्थान पर शून्य है; अतः—

$$\frac{7565000}{8} = 945625$$

(8) 9 से विभाजन—यदि किसी संख्या के संपूर्ण अंकों का योग 9 से विभाजित हो जाए तो वह संख्या 9 से विभाजित हो जाएगी; जैसे—

$$\frac{579456}{9} = 64384$$

उपर्युक्त संख्या 9 से पूरी-पूरी विभाजित हो गई; क्योंकि संख्या 579456 के समस्त अंकों का योग 5 + 7 + 9 + 4 + 5 + 6 = 36 है, जो 9 से विभाज्य है ।

(9) 10 से विभाजन—हम पूर्व में पढ़ चुके हैं कि किसी संख्या का इकाई का अंक शून्य है तो वह संख्या 2 से विभाजित हो जाती है तथा 5 से भी विभाजित हो जाती है । अतः इकाई के स्थान पर शून्य वाली संख्या 10 से पूर्णतः विभाजित हो जाएगी ।

उदाहरणार्थ—

$$\frac{5950}{10} = 595$$

उपर्युक्त संख्या 5950 (1) 2 से विभाजित होगी क्योंकि इकाई के स्थान पर [illegible] है ।

(2) 5 से भी विभाजित होगी क्योंकि इकाई के स्थान पर शून्य है ।

अतः 5950 की संख्या 2 और 5 के गुणनफल 10 से भी विभाजित होगी क्योंकि वह 2 और 5 से अलग-अलग विभाज्य है, जो कि 10 के गुणनखंड हैं । इसी प्रकार संख्या 6395470 भी 10 से विभाजित हो जाएगी ।

(10) 11 से विभाजन—यदि संख्या के विषम स्थानों (पहला, तीसरा) के अंकों के योग तथा सम स्थानों के अंकों के योग का अंतर शून्य हो, या 11 से विभाजित हो जाए तो वह पूरी संख्या 11 से विभाजित हो जाएगी अर्थात् दी गई संख्या के पहले, तीसरे व पाँचवें इत्यादि अंकों को जोड़ो । अब दूसरे, चौथे, छठे इत्यादि अंकों को जोड़ो । दोनों का अंतर ज्ञात करो ।

उदाहरणार्थ—584397 के पहले, तीसरे व पाँचवें स्थानों का योग $(5 + 4 + 9 = 18)$ दूसरे, चौथे व छठे स्थानों के अंकों का योग $(8 + 3 + 7 = 18)$ है । इनका अंतर $18 - 18 = 0$ है । अतः यह संख्या 11 से विभाजित हो जाएगी ।

दूसरा उदाहरण—

4784769

$$\begin{array}{r} 4 + 8 + 7 + 9 = 28 \\ 7 + 4 + 6 = -17 \\ \hline 11 \end{array}$$

यह संख्या 11 से भाज्य है । अतः पूरी संख्या 4784769 भी 11 से भाज्य है । इसे (6) में वर्णित नियम से भी ज्ञात कर सकते हैं ।

(11) 12 से विभाजन—जो संख्या 3 या 4 से अलग-अलग विभाजित हो जाए वह संख्या 12 से भी विभाजित हो जाएगी; जैसे— संख्या 149412 तथा 149400 ।

स्पष्टीकरण—

(1) 149400 तीन से पूरी विभाजित हो जाएगी क्योंकि संपूर्ण संख्या के अंकों का योग 3 से विभाज्य है $(1 + 4 + 9 + 4 + 0 + 0 = 18)$ ।

(2) यही संख्या 149400 संख्या 4 से भी विभाज्य है, क्योंकि इकाई तथा दहाई के स्थान पर शून्य हैं ।

(3) अतः संख्या 149400 संख्या 12 से भी विभाज्य है ।

$$= \frac{149400}{12} = 12450$$

इसी प्रकार– $\frac{149412}{12} = 12451$

(12) 13 से विभाजन—7 की (द्वितीय विधि) तथा 13 की विभाज्यता ज्ञात करने का एक ही नियम है; जैसे—26132132 की 13 से विभाजकता देखने के लिए 7 की विभाज्यता की द्वितीय विधि के अनुसार—

$$132 - 132 + 26 = 26$$

शेष 26 की संख्या 13 से विभाजित हो जाती है, अतः 26132132 भी 13 से विभाजित हो जाएगी ।

यदि संख्या 1131 हो तो 131 – 1 = 130 की संख्या 13 से विभाजित हो जाती है ।

अतः $\frac{1131}{13} = 87$

यदि संख्या मात्र 2 अथवा 3 अंकों की हो तो इकाई के अंक का चार गुना शेष अंकों से बनी संख्या में जोड़ने से बनी संख्या यदि 13 से विभाजित होने पर संख्या 13 विभक्त हो जाएगी; जैसे—

$$\begin{array}{r} 9\ \ 1 \\ +4 \\ \hline 13 \end{array} \text{ ——— } 1 \times 4 \qquad \begin{array}{r} 10\ \ 4 \\ +16 \\ \hline 26 \end{array} \text{ ——— } 4 \times 4$$

(13) 14 से विभाजन—14 के गुणनखंड 2 और 7 हैं, अतः जो संख्या 2 और 7 से विभाजित हो जाएगी वह 14 से भी विभाजित होगी; जैसे—4256

स्पष्टीकरण— 4256

(1) इकाई का अंक 6 होने के कारण 2 से विभाजित है ।

(2) 7 के नियम से 56 + 84 = 140 जो 7 से विभाज्य है ।

अतः $\frac{4256}{14} = 304$ भी 14 से पूर्णतः विभाजित है ।

यदि संख्या 2 या 3 अंकों की है तो इकाई के अंक का तीन गुना शेष अंकों से बनी संख्या के दो गुने में जोड़ने पर प्राप्त संख्या 14 से विभक्त होने पर—

$$2 \times \overline{1\,5}\,4 \times 3$$

$$30 + 12 = 42$$

$$2 \times 8\,4 \times 3 = 12$$

16
12
—
28

(14) 15 से विभाजन—यदि कोई संख्या जैसे 1125 संख्या 3 और 5 से अलग-अलग विभाजित हो जाती है तो वह संख्या 15 से भी विभाजित हो जाएगी क्योंकि 3 तथा 5 गुणनखंड हैं 15 के। या संख्या के इकाई पर 5 या शून्य हो और अंकों का योग 3 से विभक्त हो।

(15) 16 से विभाजन—16 के भाज्य गुणनखंड 2, 8 तथा 4 × 4 हैं, अतः जो संख्या 2, 4 तथा 8 के विभाजक नियमों का पालन करती है वह संख्या 16 से भी कट जाएगी, जैसे 51200 संख्या 2, 4 तथा 8 से विभाजित है। अतः 16 से भी विभाजित हो जाएगी; या संख्या के अंतिम 4 अंकों से बनी संख्या 16 से विभक्त हो या अंत में 4 युक्त हो।

(16) 17 से विभाजन—यदि संख्या तीन-चार अंकों की हो तो दहाई और इकाई की बनी संख्या में से शेष अंकों की बनी संख्या का दूना घटाने पर शेषफल यदि 17 से विभाज्य हो जाता है तो संख्या 17 से विभाजित हो जाएगी; जैसे 170 के विषय में हम जानते हैं कि यह 17 से विभाजित हो जाती है। 170 पर नियम लागू करने पर—

70 – 2 = 68 अर्थात् 70 में से 1 का दूना घटाने पर संख्या 68 बची जो 17 से विभाजित हो जाती है। अतः 170 की संख्या 17 से विभाजित होगी।

इसी प्रकार—

187	1088	289
– 2	– 20	– 4
85	68	85

घटाने पर प्राप्त ऋण चिह्न पर ध्यान न दें।

यदि संख्या 2 या तीन अंकों की है तो इकाई के अंक का दो गुने में दहाई अथवा सैकड़े और दहाई के अंकों से बनी संख्या के तीन गुने में जोड़ने से प्राप्त संख्या 17 से विभक्त हो; जैसे—

$$3 \times \;\; 85 \;\; \times 2 \qquad\qquad 3 \times \;\; \underline{18}7 \;\; \times 2$$

$$\begin{array}{r} 10 \\ +\,24 \\ \hline 34 \end{array} \qquad\qquad \begin{array}{r} 14 \\ +\,54 \\ \hline 68 \end{array}$$

(17) 18 का विभाजन—2 और 9 से अलग-अलग विभाजित होने वाली संख्या 18 से भी विभाजित हो जाएगी ।

जैसे—342

(1) इकाई का अंक 2 होने के कारण संख्या 2 से विभाजित होगी ।

(2) 3 + 4 + 2 = 9 होने के कारण संख्या 9 से पूरी-पूरी विभाजित होगी ।

अतः $\frac{342}{18} = 19$

(18) 19 से विभाजन—यदि संख्या तीन-चार अंकों की हो तो दहाई तथा इकाई की बनी संख्या में से शेष अंकों से बनी संख्या का पाँच गुना जोड़ने पर योग यदि 19 सें विभाजित हो जाता है तो वह संख्या 19 से विभाजित होगी ।

उदाहरणार्थ—190 में इकाई तथा दहाई से बनी संख्या 90 है । शेष सैकड़े का अंक 1 है, अतः 90 में 1 का पाँच गुना जोड़ने पर 95 संख्या आती है, जो कि 19 से विभाज्य है । अतः 190 संख्या 19 से पूरी-पूरी विभाजित होगी ।

$$\begin{array}{r} \underline{1}90 \\ +\,5 \\ \hline 95 \\ \hline \end{array} \; (1\times5) \qquad \begin{array}{r} \underline{3}61 \\ +\,15 \\ \hline 76 \\ \hline \end{array} \; (3\times5) \qquad \begin{array}{r} \underline{36}10 \\ +\,180 \\ \hline 190 \\ \hline \end{array} \; (36\times5)$$

$$\begin{array}{r} \underline{2}28 \\ +\,10 \\ \hline 38 \\ \hline \end{array} \; (2\times5) \qquad \begin{array}{r} \underline{37}24 \\ +\,185 \\ \hline 209 \\ \hline \end{array} \; (37\times5)$$

अथवा इकाई के अंक का दो गुना शेष अंकों से बनी संख्या में जोड़ने पर प्राप्त संख्या यदि 19 से विभक्त हो; जैसे—

$$\begin{array}{r} 36\underline{1} \\ 2 \\ \hline 38 \end{array} \text{ —— } (1\times2) \qquad \begin{array}{r} 372\underline{4} \\ 8 \\ \hline 380 \end{array} \text{ —— } (4\times2)$$

(19) 20 से विभाजन—20 का विभाजन सरल है। परंतु 2 तथा 10 अथवा 4 एवं 5 से विभाजित होने वाली संख्या 20 से विभाजित हो जाएगी।

(20) 25 से विभाजन—यदि किसी संख्या के इकाई और दहाई के अंकों से बनी संख्या 25 से विभाजित हो, अथवा इन स्थानों पर शून्य हो तो संपूर्ण संख्या 25 से विभक्त हो जाएगी; जैसे—34175, 5694950, 25300 आदि।

संख्या 34175 तथा 5694950 में इकाई तथा दहाई के अंकों से बनी संख्या 75, 50 तथा 25 से विभक्त हो जाती है। $(25 \times 3 = 75)$ तथा $(25 \times 2 = 50)$ अतः प्रदत्त संख्याएँ भी 25 से पूर्णतः विभाजित हो जाएँगी।

इसी प्रकार संख्या 25300 में इकाई तथा दहाई के स्थानों पर शून्य है। अतः यह संख्या 25 से विभाजित होगी।

$$\frac{25300}{25} = 1012$$

(21) 125 से विभाज्य—यदि अंतिम तीन अंक शून्य हों या 125 से विभाज्य हों तो वह पूरी संख्या 125 से विभाज्य होगी।

कुछ अन्य विभाजन—सामान्यतः 7, 11 तथा 13 से कुछ ही संख्याएँ पूर्णतः विभाजित हो पाती हैं, परंतु तीन अंकों की किसी भी संख्या के तीनों अंकों को उसी क्रम से लिखकर बनी 6 अंकों की संख्या 7, 11 तथा 13 से क्रमशः विभाजित ही नहीं होतीं, अपितु 7 से विभाजित होने के पश्चात् प्राप्त भजनफल 11 से विभाजित हो जाता है। तथा इसके भजनफल को 13 से विभाजित करने पर मूल संख्या प्राप्त होती है।

उदाहरण—तीन अंकों की संख्या 437 है। अब इन्हीं तीन अंकों को इसी क्रम से आगे लिखने पर हमें 6 अंकों की निम्न संख्या प्राप्त हुई।

437437 (चार लाख, सैंतीस हजार, चार सौ सैंतीस) इस संख्या में 7, 11 तथा 13 से विभाजकता के नियम लागू हो जाते हैं तथा संख्या पूरी-पूरी कट जाती है। अब यदि हम इस संख्या को 7 से विभाजित करें तथा प्राप्त भजनफल को 11 से तथा इस प्रकार प्राप्त भजनफल को 13 से विभाजित करें तो मूल संख्या प्राप्त होगी।

$$\frac{437437}{7 \times 11 \times 13} = 437$$

हल—पहले 7 से भाग देने पर

$$\frac{437437}{7} = 62491$$

अब भागफल 62491 में 11 से भाग देने पर

$$\frac{62491}{11} = 5681$$

अब भागफल 5681 में 13 से भाग देने पर

$$\frac{5681}{13} = 437$$

अतः स्पष्ट है कि अंतिम भजनफल 437 ही हमारी मूल संख्या है । यह कोई जादू या चमत्कार नहीं अपितु इसका गणितीय कारण यह है कि $7 \times 11 \times 13 = 1001$ । अतः स्पष्ट है कि किसी भी तीन अंकों की संख्या के आगे संख्या के तीनों अंकों को उसके आगे लिखने का अर्थ है कि उसे हमने 1001 से गुणा कर दिया । संख्या 1001 अलग-अलग संख्याओं 7, 11 तथा 13 से विभाजित हो जाती है । हम जानते हैं कि $37 \times 3 = 111$, $37 \times 6 = 222$, $37 \times 9 = 333$ आदि । अतः तीन अंकों से बनी संख्या के तीनों अंक एक समान हैं तो वह संख्या 37 से विभाज्य है ।

अभ्यास प्रश्न

प्रश्न 1. निम्न संख्याएँ 2, 3, 4, 5, 6 में किस अंक से विभाज्य हैं—

(1) 2134 (2) 9518 (3) 622 (4) 226
(5) 955 (6) 2139 (7) 9732 (8) 7329
(9) 5694 (10) 6597 (11) 5688 (12) 8656
(13) 6534 (14) 6935 (15) 5980 (16) 9565
(17) 8652

प्रश्न 2. निम्न संख्याएँ 7, 8, 9, 10 में किस अंक से विभाज्य हैं—

(1) 147 (2) 53537 (3) 1463 (4) 14743743
(5) 59000 (6) 82112 (7) 9558 (8) 5980
(9) 9855 (10) 9873

प्रश्न 3. निम्न संख्याएँ 11, 12, 13, 14 में किन अंकों से पूर्ण विभाजित होती हैं—

(1) 7029 (2) 28501 (3) 4380 (4) 5122
(5) 7406 (6) 10959 (7) 21504 (8) 92092

प्रश्न 4. निम्न संख्याएँ 15, 16, 17, 18, 19, 20 में किन अंकों से विभाजित होती हैं—

(1) 2375 (2) 3111 (3) 2928 (4) 3294
(5) 3660 (6) 2745 (7) 3477 (8) 63712
(9) 55748 (10) 75658

प्रश्न 5. निम्न संख्याओं में विभाज्यता नियमों के आधार पर जॉंच करके बताइए कि कौन-सी संख्याएँ भाज्य हैं और कौन-सी अभाज्य—

(1) 102 (2) 117 (3) 5900 (4) 5996
(5) 1525 (6) 4926 (7) 147 (8) 2184
(9) 1224 (10) 1503 (11) 9460 (12) 3633
(13) 1968 (14) 4438 (15) 5607 (16) 48384
(17) 11983 (18) 3373 (19) 61 (20) 151
(21) 683 (22) 1559 (23) 761

घन निकालना

जब किसी संख्या को उसी संख्या से दो बार गुणा करते हैं तो प्राप्त गुणनफल उस संख्या का घन कहलाता है जैसे $3 \times 3 \times 3$ से प्राप्त गुणनफल 27, 3 का घन कहलाता है,

$$3 \times 3 \times 3 = 3^3 = 27$$

इसे हम 3 की घात 3 या 3 का घन अथवा 3 घन पढ़ते हैं। इसी प्रकार $4^3, 5^3$,.....का अर्थ क्रमशः $4 \times 4 \times 4$ अथवा $5 \times 5 \times 5$ है।

प्रायः 2 से 10 तक की घन संख्याओं के मान छात्रों को याद रहते हैं जो क्रमशः निम्न प्रकार हैं—

$$2^3 = 2 \times 2 \times 2 = 8$$
$$3^3 = 3 \times 3 \times 3 = 27$$
$$4^3 = 4 \times 4 \times 4 = 64$$
$$5^3 = 5 \times 5 \times 5 = 125$$
$$6^3 = 6 \times 6 \times 6 = 216$$
$$7^3 = 7 \times 7 \times 7 = 343$$
$$8^3 = 8 \times 8 \times 8 = 512$$
$$9^3 = 9 \times 9 \times 9 = 729$$
$$10^3 = 10 \times 10 \times 10 = 1{,}000$$

A. 10 से 20 तक की संख्याओं के घन निकालना

उदाहरण :

$$11^3 = 11 + 2/1 \times 3 \times 1/1$$
$$11 + 1 \times 2/1 \times 1 \times 3/1^3$$
$$= 13/\,3/\,1$$
$$= 1331$$

$$12^3 = 12 + 4\,/2 \times 6/\,8$$
$$(12 + 2 \times 2)/2 \times (\,2 \times 3)/2^3$$
$$= 16\,/\,12/\,8$$
$$= 1728$$

योग

08
12
16
1728

इस विधि में हम

(1) पहले हम इकाई अंक के रूप में इकाई का घन रखते हैं।

(2) दहाई अंक ज्ञात करने के लिए आधार 10 से जितनी संख्या अधिक है उस अधिकता में अधिक के तीन गुने की गुणा करते हैं जैसे प्रस्तुत उदाहरण में 11 आधार 10 से 1अधिक है तो एक में एक $1 \times 3 = 3$ से गुणा की।

(3) सैकड़े का अंक ज्ञात करने के लिए हम घन ज्ञात की जानेवाली संख्या में आधिक्य का दो गुना जोड़ते हैं।

उदाहरण 1 में 11 में 10 से अधिक 1 का दोगुना 2 जोड़कर 13 प्राप्त किया गया।

इस प्रकार

$11^3 = 11 + 1 \times 2/1 \times 1 \times 3/ 1^3$

संख्या + आधिक्य × 2 / आधिक्य × आधिक्य × 3 / आधिक्य^3

इसी प्रकार

$$12^3 = 12 + (2 \times 2) / 2 / 2 \times 3 / 2^3$$
$$= 16/ 12/ 8$$

16/12/8 को जोड़कर लिखने के प्रायः सामान्य गुणन क्रिया की तरह जोड़ते हैं जैसे

```
  08
 12×
16××
----
1728
```

$$13^3 = 13 + 3 \times 2 / 3 \times 3 \times 3 / 3^3$$
$$= 19 / 27 / 27 = 2197$$

```
योग    27
      27×
     19××
     ----
     2197
```

इसी प्रकार

$$14^3 = 14 + 4 \times 2 / 4 \times 4 \times 3 / 6^4$$
$$= 14 + 8 / 48 / 64$$
$$= 22 / 48 / 64$$
$$= 2744$$

```
योग    64
      48×
     22××
     ----
     2744
```

$15^3 = 3375$ $16^3 = 4096$

$17^3 = 4913$ $18^3 = 5832$

$19^3 = 19 + 9 \times 2 / 9 \times 9 \times 3 / 729$

$= 19 + 18 / 243 / 729$

$= 37 / 243 / 729$

$= 6859$

योग

7 2 9
2 4 3 ×
3 7 × ×
6 8 5 9

B. 21 से 30 तक की संख्याओं के घन 21 से 30 तक की संख्याओं के घन भी इसी प्रकार निकाले जा सकते हैं। जैसे

$21^3 = 21 + 1 \times 2 / 1 \times 1 \times 3 / 1^3$

$= 23 / 3 / 1$

अब उत्तर प्राप्त करने के लिए दहाई अंक 3 का दो गुना तथा सैकड़े के अंक को चार गुना करना पड़ता है अत:

$= 23 / 3 / 1$

$\times 4 / \times 2 / 1$

$= 92 / 6 / 1$

$= 9261$

$22^3 = 22 + 2 \times 2 / 2 \times 2 \times 3 / 8$

$26 / 12 / 8$

$\times 4 / \times 2 /$

$= 104 / 24 / 8$

$= 10648$

इसी नियम से

$23^3 = 12167$ $24^3 = 13824$

आधार संख्या 30, 40, 50 होने पर घन निकालने के लिए सामान्य नियम से प्राप्त दहाई तथा सैकड़े की संख्याओं का आधार क्रमश: तिगुना, नौगुना तथा आधार 40 लेने पर अर्थात् 41 से 49 तक की संख्याओं के होने पर क्रमश: 4 गुना तथा 16 गुना करना पड़ता है।

उदाहरण: $31^3 = 31 + 1 \times 2 / 1 \times 1 \times 3 / 1$

$= 31 + 2 / 3 / 1$

$33 / 3 / 1$

$\times 9 / \times 3 /$

$= 297 / 9 / 1$

$= 29791$

41^2 = 41 + 1 × 2 / 1 × 1 × 3 / 1
= 43 / 3 / 1
×16 / ×4 /
= 688 / 12 / 1
= 68921

100 से ऊपर की संख्याओं के घन

100 से ऊपर की संख्याओं जैसे 101, 102, 103 आदि के घन भी निम्न रूप से निकाले जाते हैं अंतर केवल इतना है कि इकाई के स्थान तथा दहाई के स्थान पर आधार 100 होने के कारण दो अंकों की संख्या लेनी षड़ती है।

101^3 = 101 + 1 × 2 / 1× 1 × 3 / 1^3
= 103/ 3/ 1

इसके स्थान पर

103/03/01

101^3 = 1030301 लिखते हैं।

इसी नियम से

102^3 = 102 + 4 / 2 × 2 × 3/ 08
= 106/ 12/ 08
= 1061208
103^3 = 109 27 27
$(104)^3$ = 1124864
105^3 = 1157625
106^3 = 1191016
112^3 = 112 + 24/ 12 × 12 × 3/ 12^3
= 136 / 432 / 1728

योग करने पर
```
      1 7 2 8
    4 3 2 × ×
1 3 6 × × × ×
-------------
1 4 0 4 9 2 8
```
= 1404928

अभ्यास प्रश्न

मान बताइए

1. (क) 13^3 (ख) 27^3 (ग) 34^3 (घ) 15^3 (च) 17^3 (छ) 22^3
2. (क) 103^3 (ख) 107^3 (ग) 108^3 (घ) 117^3 (च) 115^3 (छ) 119^3

भाग की नई विधि

अभी तक भाग के प्रश्नों को हल करने में हम भाजक का (वह संख्या जिससे भाग देना है) भाज्य (वह संख्या जिसमें भाग देना है) में पहाड़ा पढ़ते हैं तथा जितनी बार पूरा भाग जाता है उसे भजनफल तथा जो भाग पूरा नहीं कटता उसे शेष कहते हैं जैसे

9	
19) 172	में 19 भाजक, 9 भजनफल, 172 भाज्य तथा 1 शेष है।
171	
1	

20 तक की भाजक संख्याओं से भाग

प्राय: बच्चों को 20 तक पहाड़े याद होते हैं अत: वह सीधे ही परंपरागत विधि से सरलतापूर्वक भाग दे सकते हैं।

20 से अधिक दो अंको तक के भाजक से भाग देना

21 से लेकर 99 तक की संख्याओं के पहाड़े प्राय: छात्रों को याद नहीं होते अत: भाग देने में कठिनाई होती है। इस कठिनाई का निराकरण निम्न विधि से हो जाता है-

उदाहरण:—

21) 9 2 6 1

हल—	21) 9 2 6 | 1	जाँच : (परंपरागत विधि)	
ध्वजांक— 1	9 2 6 | 1	21) 9261 (441	
भाजक— 2।	1 0 | 0	−84	
भजनफल	4 4 1 | 0 — शेष	86	
	भजनफल,	−84	
		21	
		−21	
		×	

इस प्रकार से भाग करने को विधि में निम्न पदों का प्रयोग करते है–

1. भाजक के दहाई अंक को भाजन के लिए प्रयुक्त करते हैं तथा इकाई अंक को ध्वजांक की तरह। प्रस्तुत प्रश्न में भाजक 21 में दहाई अंक 2 भाजक की तरह प्रयुक्त होता है तथा 1 ध्वजांक की तरह 1 इसे प्रस्तुत उदाहरण में प्रस्तुत विधि के अनुसार लिखते हैं।
2. अब भाज्य के इकाई अंक (ध्वजांक के अंकों के बराबर) को छोड़कर एक खड़ी लकीर खींचे 9261 में भाग देने के लिए इकाई अंक छोड़कर एक खड़ी लाइन खींची जिससे भाज्य के दो हिस्से हो जाते हैं 926 तथा 1.
3. अब भाज्य के नीचे एक क्षैतिज रेखा उत्तर के लिए खींचो।
4. अब 2 का भाग 9 में देने पर 4 बार गया तो 4 का अंक भजनफल के रूप में नीचे रखा।
5. 9 में से भाजक 2 तथा चुने गए भजनफल अंक 4 के गुणनफल को घटाकर प्राप्त शेष 1 को भाज्य के दायीं ओर के दूसरे अंक 2 के थोड़ा पहले लिखा तो नया भाज्य मिला 12 (1 शेष तथा 2 दूसरा अंक)
6. अब प्रथम भजनफल अंक 4 को ध्वजांक 1 से गुणा करते हैं तथा (4 × 1) गुणनफल को नए भाज्य 12 से घटाते हैं तो शेष मिला 8.
7. अब इस 8 में भाजक 2 से भाग देने पर प्राप्त अंक 4 को भजनफल अंक के रूप में पहले से प्राप्त भजनफल अंक के दायीं ओर रखते हैं तथा शेष 0 को मूल भाज्य 9261 के अंक 6 से पहले 0 लिखा।
8. अब नए भाज्य 6 में दूसरे भजनफल अंक 4 तथा ध्वजांक 1 के गुणनफल 4 को घटाया तो शेष रहा 2 । इस 2 में मूल भाजक अंक 2 से भाग दिया तो प्राप्त भजनफल अंक 1 दूसरे भजनफल अंक 4 के दायीं तरफ रखा। तथा शून्य को ईकाई अंक से पूर्व खड़ी लाइन के पास लिखा।
9. अब भजनफल अंक 1 तथा धवजांक 1 के गुणनफल 1 को भाज्य के अंतिम अंक 1 से घटाकर प्राप्त हुआ शून्य। यह शून्य ही शेष फल है।
10. अत: 9261 में 21 का भाग देने पर भजनफल 441 तथा शेष शून्य

उत्तर की जाँच— भाज्य = भजनफल × भाजक + शेष

9261 = 441 × 21 + 0

= 9261

इसी प्रकार

A. 34) 9261

4	9 2 6	1
3	3 3	2
	2 7 2	13

भजनफल = 272

शेष = 13

B. 27) 9261

7	9 2 6	1
2	3 3	2
	3 4 3	0

भजनफल = 343

शेष = 0.

व्याख्या A

(i) 9261 में 34 का भाग देने की प्रक्रिया में भाजक 34 में 3 मूल भाजक तथा 4 ध्वजांक है। इस प्रकार भाज्य के दो भाग हो गए। बाएँ भाग में 926 तथा दाएँ भाग में 1 हुआ। भाज्य का बायाँ भाग भजनफल की गणना में प्रयुक्त होता है तथा दायाँ भाग शेष की गणना में।

(iii) अब मूल भाजक 3 का भाग 9 में दिया तो शेष बचता है जिसे भाज्य के दूसरे अंक 2 से पहले रखेंगे। हम जानते हैं कि भाग की इस विधि में नए भाज्य में से चयनित भजनफल अंक तथा ध्वजांक के गुणनफल को घटाना पड़ता है।

प्रस्तुत प्रश्न में यदि भाजक 3 से भाज्य अंक 9 में भाग देकर भजनफल 3 चुना जाए तो शेष 0 बचेगा जिसे भाज्य के दूसरे अंक 2 से पहले रखने पर नया भाज्य 2 बनेगा इसमें से भजनफल अंक 3 तथा ध्वजांक 4 का गुणनफल 12 घटाने पर संख्या ऋणात्मक प्राप्त होगी।

इस परिस्थिति से बचने के लिए हम भाज्य के प्रथम अंक 9 में 34 भाजक के मूल अंक 3 से भाग देकर भजनफल 3 के स्थान पर 2 चुनते हैं, तथा मूल भाजक 3 तथा भजनफल अंक 2 का गुणनफल 6 भाज्य के प्रथम अंक 9 से घटाने पर प्राप्त शेष 3 को पूर्व की तरह भाज्य के दूसरे अंक 2 से पहले रखकर नया भाज्य 32 मिला।

(vi) अब नए भाज्य 32 से ध्वजांक 4 तथा भजनफल अंक 2 का गुणनफल 8 घटाकर प्राप्त शेष 24 में मूल भाजक अंक 3 का भाग दिया तथा भजनफल अंक 8 के स्थान पर 7 चुना जिससे आगे यही संक्रिया दोहराने पर ऋणात्मक संख्या से बचा जा सके।

(v) (iv) में प्राप्त 24 में से मूल भाजक 3 तथा भजनफल अंक 7 के

गुणनफल 21 को घटाकर प्राप्त शेष 3 को भाज्य के अंक 6 से पहले लिखकर संख्या 36 प्राप्त की।

(vi) अब इसमें से चयनित भाजक 7 तथा ध्वजांक 4 के गुणनफल 28 को घटाकर प्राप्त अंक में मूल भाजक अंक 3 से भाग देकर भजनफल अंक 2 प्राप्त किया जिसे 7 के पश्चात् लिखा तथा शेष 2 को खड़ी रेखा के अंक के नीचे रखकर नया भाज्य 21 मिला।

(vii) पूर्व की भाँति इसमें से अंतिम भजनफल अंक 2 तथा ध्वजांक 4 के गुणनफल 8 को घटाकर प्राप्त संख्या 13 शेष है।

उत्तर की जाँच - भाज्य = भजनफल × भाजक + शेष

$$9261 = 272 \times 34 + 13$$
$$= 9248 + 13$$
$$= 9261.$$

उदाहरण B की भाग प्रक्रिया का वर्णन भी ठीक इसी प्रकार है।

3 अंकों के भाजक से भाग देना-

7	9 2 9 6	1
25	1 7	5
	3 6	9

$176\text{-}3 \times 7 = 155$

$51 - 42 = 9$

जाँच भाज्य = भजनफल × भाजक + शेष

$$= 36 \times 257 + 9$$
$$= 9252 + 9 = 9261$$

स्पष्टीकरण- यह प्रक्रिया भी दो अंकों के भाजक की तरह प्रयुक्त होती है; अंतर केवल इतना है कि मूल भाजक प्रथम दो अंकों का होता है । एक और उदाहरण से यह प्रक्रिया स्पष्ट हो जाएगी।

5	9 2 6	1
31	3 0	17
	2 9	121

$306 - 5 \times 2 = 296$

$$\frac{296}{31} = 9\frac{17}{31}$$

$171 - 9 \times 5 = 171 - 45 = 126$

भाजक 315, भजनफल 29, शेष 126

अभ्यास प्रश्न

नई विधि से विभिन्न संख्याओं में चुने गए भाजक से भाग देकर उत्तर की जाँच कीजिए।

परिशिष्ट

(क)

पहाड़े 11 से 20 तक

	11	12	13	14	15	16	17	18	19	20
× 1	11	12	13	14	15	16	17	18	19	20
× 2	22	24	26	28	30	32	34	36	38	40
× 3	33	36	39	42	45	48	51	54	57	60
× 4	44	48	52	56	60	64	68	72	76	80
× 5	55	60	65	70	75	80	85	90	95	100
× 6	66	72	78	84	90	96	102	108	114	120
× 7	77	84	91	98	105	112	119	126	133	140
× 8	88	96	104	112	120	128	136	144	152	160
× 9	99	108	117	126	135	144	153	162	171	180
× 10	110	120	130	140	150	160	170	180	190	200
× 11	121	132	143	154	165	176	187	198	209	220
× 12	132	144	156	168	180	192	204	216	228	240
× 13	143	156	169	182	195	208	221	234	247	260
× 14	154	168	182	196	210	224	238	252	266	280
× 15	165	180	195	210	225	240	255	270	285	300
× 16	176	192	208	224	240	256	272	288	304	320
× 17	187	204	221	238	255	272	289	306	323	340
× 18	198	216	234	252	270	288	306	324	342	360
× 19	209	228	243	266	285	304	323	342	361	380
× 20	220	240	260	280	300	320	340	360	380	400

पहाड़े 21 से 30 तक

	21	22	23	24	25	26	27	28	29	30
× 1	21	22	23	24	25	26	27	28	29	30
× 2	42	44	46	48	50	52	54	56	58	60
× 3	63	66	69	72	75	78	81	84	87	90
× 4	84	88	92	96	100	104	108	112	116	120
× 5	105	110	115	120	125	130	135	140	145	150
× 6	126	132	138	144	150	156	162	168	174	180
× 7	147	154	161	168	175	182	189	196	203	210
× 8	168	176	184	192	200	208	216	224	232	240
× 9	189	198	207	216	225	234	243	252	261	270
× 10	210	220	230	240	250	260	270	280	290	300

(ख)

1 से 100 तक की संख्याओं के वर्ग तथा वर्गमूल

संख्या	वर्ग	वर्गमूल	संख्या	वर्ग	वर्गमूल
1	1	1	18	324	4.243
2	4	1.414	19	361	4.359
3	9	1.732	20	400	4.472
4	16	2.00	21	441	4.583
5	25	2.236	22	484	4.690
6	36	2.449	23	529	4.796
7	49	2.646	24	576	4.899
8	64	2.828	25	625	5.000
9	81	3.00	26	676	5.099
10	100	3.162	27	729	5.196
11	121	3.317	28	784	5.292
12	144	3.464	29	841	5.385
13	169	3.606	30	900	5.477
14	196	3.742	31	961	5.568
15	225	3.873	32	1024	5.657
16	256	4.000	33	1089	5.745
17	289	4.123	34	1156	5.831

संख्या	वर्ग	वर्गमूल	संख्या	वर्ग	वर्गमूल
35	1225	5.916	68	4624	8.246
36	1296	6.000	69	4761	8.307
37	1369	6.083	70	4900	8.367
38	1444	6.164	71	5041	8.426
39	1521	6.245	72	5184	8.485
40	1600	6.325	73	5329	8.544
41	1681	6.403	74	5476	8.602
42	1764	6.481	75	5625	8.660
43	1849	6.557	76	5776	8.718
44	1936	6.633	77	5929	8.775
45	2025	6.708	78	6084	8.832
46	2116	6.782	79	6241	8.888
47	2209	6.856	80	6400	8.944
48	2304	6.928	81	6561	9.000
49	2401	7.000	82	6724	9.055
50	2500	7.071	83	6889	9.110
51	2601	7.141	84	7056	9.165
52	2704	7.211	85	7225	9.220
53	2809	7.280	86	7396	9.273
54	2916	7.348	87	7569	9.327
55	3025	7.416	88	7744	9.381
56	3136	7.483	89	7921	9.434
57	3249	7.550	90	8100	9.487
58	3364	7.616	91	8281	9.539
59	3481	7.681	92	8464	9.592
60	3600	7.746	93	8649	9.644
61	3721	7.810	94	8836	9.695
62	3844	7.874	95	9025	9.747
63	3969	7.937	96	9216	9.798
64	4096	8.000	97	9409	9.849
65	4225	8.062	98	9604	9.899
66	4356	8.124	99	9801	9.950
67	4489	8.185	100	10,000	10.000

(ग)

1 से 60 तक की संख्याओं के घन तथा घनमूल

संख्या	घन	घनमूल	संख्या	घन	घनमूल
1	1	1.000	31	29791	3.141
2	8	1.260	32	32768	3.175
3	27	1.442	33	35937	3.208
4	64	1.587	34	39304	3.240
5	125	1.710	35	42875	3.271
6	216	1.817	36	46656	3.302
7	343	1.913	37	50653	3.332
8	512	2.000	38	54872	3.362
9	729	2.080	39	59319	3.391
10	1000	2.154	40	64000	3.420
11	1331	2.224	41	68921	3.448
12	1728	2.289	42	74088	3.476
13	2197	2.351	43	79507	3.503
14	2744	2.410	44	85184	3.530
15	3375	2.466	45	91125	3.557
16	4096	2.520	46	97336	3.583
17	4913	2.571	47	103823	3.609
18	5832	2.621	48	110592	3.634
19	6859	2.668	49	117649	3.659
20	8000	2.714	50	125000	3.684
21	9261	2.759	51	132651	3.708
22	10648	2.802	52	140608	3.733
23	12167	2.844	53	148877	3.756
24	13824	2.884	54	157464	3.780
25	15625	2.924	55	166375	3.803
26	17576	2.962	56	175616	3.826
27	19683	3.000	57	185193	3.849
28	21952	3.037	58	195112	3.871
29	24389	3.072	59	205379	3.893
30	27000	3.107	60	216000	3.915

(घ)

रूढ़ संख्याएँ (prime numbers)

2, 3, 5, 7, 11, 13, 17, 19, 23, 29, 31, 37, 41, 43, 47, 53, 59, 61, 67, 71, 73, 79, 83, 89, 97, 101, 103, 107, 109, 113, 127, 131, 137, 139, 149, 151, 157, 163, 167, 173, 179, 181, 191, 193, 197, 199, 211, 223, 227, 229, 233, 239, 241, 251, 257, 263, 269, 271, 277, 281, 283, 293, 307, 311, 313, 317, 331, 337, 347, 349, 353, 359, 367, 373, 379, 383, 389, 397, 401, 409, 419, 421, 431, 433, 439, 443, 449, 457, 461, 463, 467, 479, 487, 491, 499 ।